시리즈1 · 출애굽기

문답으로 기억되는

성경

김백문 지음

쿰란출판사

서문

이 책은 성도님들이 보다 쉽고 재미있게 성경을 읽도록 하기 위하여 만들어졌습니다.

또 성경을 읽게 할 뿐 아니라 이해하고 기억하기 쉽도록 하기 위한 책입니다.

성경을 모르고 예수를 믿는 것은 소경이나 중풍병자의 삶과 같이 답답하고 슬프고 무력한 것입니다.

성경을 읽고 알고 이해하고 깨닫게 되면 삶이 열리고 보이게 됩니다. 그리고 비로소 내가 왜 사는지, 내가 왜 믿는지, 나를 주관하시는 분이 누구인지 알게 됩니다.

이 책은 당신이 성경을 읽고 알고 기억하도록 도울 것입니다.

이 책은 성경 밖에 있던 당신을 성경 안으로 인도할 것입니다.

문답식 성경공부를 통하여 하나님의 사랑이 당신과 함께하시기를 기도합니다.

저자 김백문 목사

(다음 카페 Thebible)

* 이 책에 사용된 성경구절은 개역한글판을 사용하였음을 밝혀둡니다.

목차

서문 … 2

- 문답으로 기억되는 성경 1회 | 출애굽기 1-2장 ……… 5
- 문답으로 기억되는 성경 2회 | 출애굽기 3-4장 ……… 9
- 문답으로 기억되는 성경 3회 | 출애굽기 5-6장 ……… 14
- 문답으로 기억되는 성경 4회 | 출애굽기 7-8장 ……… 18
- 문답으로 기억되는 성경 5회 | 출애굽기 9-10장 ……… 21
- 문답으로 기억되는 성경 6회 | 출애굽기 11-12장 ……… 25
- 문답으로 기억되는 성경 7회 | 출애굽기 13-14장 ……… 31
- 문답으로 기억되는 성경 8회 | 출애굽기 15-16장 ……… 37
- 문답으로 기억되는 성경 9회 | 출애굽기 17-18장 ……… 44
- 문답으로 기억되는 성경 10회 | 출애굽기 19-20장 ……… 49
- 문답으로 기억되는 성경 11회 | 출애굽기 21-22장 ……… 54
- 문답으로 기억되는 성경 12회 | 출애굽기 23-24장 ……… 60
- 문답으로 기억되는 성경 13회 | 출애굽기 25장 ……… 67
- 문답으로 기억되는 성경 14회 | 출애굽기 26장 ……… 73
- 문답으로 기억되는 성경 15회 | 출애굽기 27-28장 ……… 79
- 문답으로 기억되는 성경 16회 | 출애굽기 29-30장 ……… 86
- 문답으로 기억되는 성경 17회 | 출애굽기 31-32장 ……… 93
- 문답으로 기억되는 성경 18회 | 출애굽기 33-34장 ……… 99
- 문답으로 기억되는 성경 19회 | 출애굽기 35-36장 ……… 107
- 문답으로 기억되는 성경 20회 | 출애굽기 37-38장 ……… 111
- 문답으로 기억되는 성경 21회 | 출애굽기 39-40장 ……… 115

- 출애굽기 답안 … 119

• 문답으로 기억되는 성경 1회

출애굽기 1–2장

문1. 애굽에 정착한 이스라엘 자손의 생육이 중다하고 번식하고 창성하며 심히 강대하여 온 땅에 가득하게 되었습니다. 그들의 생활을 괴롭게 하려고 애굽인들이 이스라엘 사람에게 무거운 짐을 지웠습니다. 애굽인들이 이스라엘 사람들에게 시킨 일이 무엇이었는지 두 가지로 나누어 써 보십시오.

답: ①(1:11) ______________________________

②(1:14) ______________________________

문2. 애굽 왕이 히브리 산파 십브라와 부아에게 히브리(이스라엘) 여인이 아들을 낳을 때에 살펴서 여자이면 살려 주고 남자이면 죽이라고 하였습니다. 그러나 산파들이 애굽 왕의 명령을 어기고 남자 아이를 살린 이유는 무엇인가요?

답: (1:17) ______________________________

문3. 하나님이 산파들에게 은혜를 베푸셨습니다. 그들이 하나님을 경외함으로 받은 은혜가 무엇인가요?

답: (1:21) ______________________________

문4. 히브리 산파들이 애굽 왕 바로의 말을 듣지 않자, 애굽 왕은 모든 신민(관리, 백성)에게 무슨 명령을 내렸나요?

답: (1:22) ______________________________

문5. 레위 족속 중에서 난 남자 아이가 너무도 잘생겨서 그 부모가 아기를 죽이지 못하고 3개월 동안 숨겼습니다. 그러다가 더 숨길 수 없자 역청과 나무 진을 칠한 갈 상자에 담아 아이를 하숫가 갈대 사이에 두었습니다. 그 아이의 누이가 멀리서 지켜보았을 때 그 하숫가에 누가, 왜 왔나요?

답: (2:5) ______________________________

문6. 바로의 공주가 우는 아기를 발견하고 불쌍히 여겨 젖먹이 여인을 구하여 그 삯을 주겠다고 하였습니다. 그 아이에게 젖을 먹이며 키운 여인이 누구인가요?

답: (2:8) ______________

문7. 바로의 공주가 아이가 자란 후 몇 살쯤 되었을 때 데려갔을까요? 그리고 아이 이름을 무엇이라 지었고, 그 이름의 뜻은 무엇인가요?

답: ① ___세　　　② 이름(2:10) ________
　③ 이름의 뜻(2:10) ______________

문8. 모세가 장성한 후에 히브리인들의 노역장에 나갔다가 어떤 애굽 사람 하나를 쳐 죽여 모래에 감추었습니다. 모세는 애굽 사람을 왜 죽였나요?

답: (2:11) ______________________________

문9. 모세가 다음 날 다시 그곳에 나갔을 때 이번에는 히브리인끼리 싸우면서 강한 자가 약한 자를 치는 것을 보았습니다. 모세가 "네가 어찌하여 동포를 치느냐?" 하며 야단을 쳤습니다. 그때 그 치던 자가 누구였으며, 모세에게 뭐라고 하면서 대들었나요?

답: (2:14) ① ______________________________
② ______________________________
____

문10. 모세가 애굽 사람을 쳐 죽여 모래에 감춘 사건을 바로 왕이 듣고 모세를 죽이려고 찾았습니다. 그러자 모세는 어떻게 했나요?

답: (2:15) ______________________________

문11. 모세는 우물 곁에서 만난 미디안 제사장의 일곱 딸을 위하여 무엇을 하였나요? 미디안 제사장의 이름은 무엇이었나요?

답: ① (2:16-17) ______________________________
② (2:18) __________

문12. 모세가 미디안 제사장의 딸 하나를 아내로 얻었는데 그 이름은 무엇인가요?

또 아들을 낳고 이름을 지었는데 그 이름은 무엇이며, 이름의 뜻은 무엇인가요?

답: ① (2:21) ________

② (2:22) ________________________________

문13. 여러 해 후에 모세를 죽이려고 찾던 애굽 왕은 죽었으나 이스라엘 백성의 고역은 점점 무거워져서 그 고역으로 그들이 부르짖었습니다. 그들이 부르짖는 소리를 하나님이 들으셨습니다. 그리고 하나님은 무엇을 기억하셨나요?

답: (2:24) ________________________________

문14. 출애굽기 2장 25절에 하나님이 "이스라엘 자손을 권념하셨더라" 고 하였습니다. '권념' 이란 무슨 뜻인가요?

답: ________________________________

• 문답으로 기억되는 성경 2회

출애굽기 3-4장

문1. 모세의 장인은 미디안 제사장이었는데 그의 이름이 두 가지로 나옵니다. 두 가지 이름은 무엇인가요?

답: ① (2:18) ___________

② (3:1) ___________

문2. 모세의 장인은 어느 족속 사람인가요?

답: (삿 1:16) ___________

문3. 모세가 그의 장인 이드로의 양 무리를 칠 때에 하나님의 산 호렙으로 이르렀습니다. 그곳은 광야 동편인가요, 서편인가요?

답: (3:1) ___________

문4. 여호와의 사자가 떨기나무 불꽃 가운데서 모세에게 나타나셨습니다. 모세가 나무는 타지 않고 불꽃만 있는 이상한 광경을 보려고 떨기나무에 가까이 갔습니다. 그때 하나님이 모세에게 뭐라고 말씀하셨나요?

답: (3:5) ______________________________

____

문5. 하나님께서 말씀하시기를 "나는 네 조상의 하나님이니 아브라함의 하나님, 이삭의 하나님, 야곱의 하나님이니라. 내가 애굽에 있는 내 백성의 고통을 보았고 그 부르짖음을 들었다. 이제 내가 너로 그들을 애굽인의 손에서 건져내고 그들을 아름답고 광대한 땅, 젖과 꿀이 흐르는 땅으로 인도하리라" 고 하셨습니다. 그 땅의 이름은 무엇이며 그 땅에 살고 있던 족속들의 이름을 써 보십시오.

답: ① 땅의 이름: __________

② 여섯 족속들의 이름(3:8): ______________________

____

문6. 모세가 하나님께 말하기를 "이스라엘 백성들이 '나에게 너를 우리에게 보낸 자의 이름이 무엇이냐' 라고 물으면 무엇이라고 할까요?" 라고 하였습니다. 그때 하나님이 모세에게 자기를 누구라고 말하였나요?

답: (3:14) __________________

문7. 하나님께서 애굽 사람으로 이스라엘 백성에게 은혜를 입히게 할지라고 하셨습니다. 이스라엘 백성들이 애굽 사람에게 받을 은혜란 무엇을 말함인가요?

답: (3:22) ______________________________

문8. 모세가 하나님께 이스라엘 백성들이 나를 믿지 않을 것이라고 하였습니다. 그러자 하나님은 모세에게 세 가지 이적을 행하여 표징을 삼으라고 하셨습니다. 하나님께서 모세에게 명하신 세 가지 표징이 무엇인지 차례대로 써 보십시오.

답: ① ______________________

② ______________________

____

③(4:2–9) ______________________

____

문9. 모세가 하나님께 고하되 "나는 본래 입이 뻣뻣하고 혀가 둔하여 말주변이 없습니다"라고 했습니다. 그러자 하나님께서 "누가 벙어리나 귀머거리나 소경이 되게 하였느냐. 나 여호와가 아니냐. 이제 가라. 내가 네 입과 함께하리라" 하셨습니다. 그래도 모세는 "보낼 만한 자를 보내소서. 나는 안 됩니다"라고 하였습니다. 그때 하나님께서 화를 내시며 "좋다. 그러면 너는 지팡이를 잡고 그것으로 이적을 나타나기만 하여라. 너를 대신하여 말 잘하는 자를 네게 붙여 주겠다"라고 하셨습니다. 그 사람의 이름은 무엇이며, 모세와는 어떤 관계인가요?

답: (4:14) ______________________

문10. 모세가 장인에게 가서 애굽으로 돌아갈 것을 말하니 장인이 모세에게 무엇이라고 하였나요?

답: (4:18) ______________________

문11. 하나님께서 미디안에서 모세에게 말씀하시기를 "애굽으로 돌아가라 너를 죽이려고 너를 찾던 자들이 다 죽었느니라" 고 하셨습니다. 모세가 애굽으로 갈 때 누구를 데리고 갔나요?

답: (4:20) ____________________

문12. 하나님께서 모세를 애굽 왕 바로에게 보내시면서 "이스라엘은 내 아들 내 장자라. 그러니 그들을 놓아주어 나를 섬기게 하라" 고 전할 때 만일 거절하면 어떤 일을 하겠다고 하셨나요?

답: (4:23) __________________________

문13. 모세가 애굽으로 가던 길에 어떤 여인숙에 머물렀을 때 여호와께서 모세를 죽이려 하셨습니다. 그때 모세의 아내 십보라가 차돌로 아들의 양피를 베어 모세의 발 앞에 던지니 여호와께서 죽이려던 모세를 놓아 주셨습니다. 하나님께서는 왜 모세를 죽이려고 하셨나요?

답: (4:26) ____

____

문14. 여호와께서 애굽에 있는 누구에게 광야에 가서 모세를 맞으라고 하였나요?

답: (4:27) ______

문15. 모세와 아론이 애굽에 가서 이스라엘 자손의 모든 장로를 모으고 여호와께서 모세에게 명하신 모든 말씀을 전하고 이적을 행하였을 때 백성들의 반응은 어떠했나요?

답: (4:31) ______________________________

____

____

출애굽기 5–6장

문1. 모세와 아론이 바로에게 가서 말하기를 "이스라엘 하나님 여호와의 말씀에 내 백성을 보내라 그들이 광야에서 내 앞에 절기를 지킬 것이니라 하셨나이다" 라고 했을 때 바로는 무엇이라고 했나요?

답: (5:2) ______________________________

____

____

문2. 바로가 공사 감독자들과 인부를 거느린 이스라엘 백성의 두목들에게 어떤 명령을 내렸나요?

답: ①(5:7) ______________________________

____

②(5:8) ______________________________

____

③(5:9) ______________________________

____

문3. 이스라엘 자손의 대장(인부를 거느린 두목)들이 바로에게 가서 "짚도 주지 않고 벽돌을 만들라는 부당한 명령을 내려서 애굽의 감독들이 우리를 매로 치는 것은 애굽 감독들의 잘못이 아닙니까?" 라고 항의하였습니다. 그때 바로는 무엇이라고 했나요?

답: ①(5:17) ______________________________

____

②(5:18) ______________________________

____

문4. 바로가 이스라엘 백성의 패장들에게 "너희의 매일 만드는 벽돌을 조금도 감하지 못하리라" 하는 말을 듣고 바로를 떠나 나오다가 모세와 아론을 만났습니다. 그들이 모세와 아론에게 무슨 말을 하였나요?

답: (5:21) ______________________________

____

____

문5. 모세가 여호와께 고하기를 "주여, 어찌하여 이 백성으로 학대를 당케 하셨나이까. 내가 주의 말씀대로 바로에게 말한 것 때문에 이 백성이 모진 학대를 받는데도 주께서는 어째서 주의 백성을 구원치 아니하시옵니까?" 라고 하였을 때 하나님께서는 모세에게 무슨 말씀을 하셨나요? 6장 1-8절을 읽고 간략하게 기록해 보십시오.

답: ______________________________

____

____

____

문6. 모세는 하나님의 말씀을 듣고 그 말씀 그대로 이스라엘 자손에게 전하였습니다. 그러자 그들의 반응은 어떠하였나요?

답: (6:9) ____

문7. 여호와께서 모세에게 애굽 왕 바로에게 가서 이스라엘 자손을 애굽 땅에서 내어 보내게 하라고 말씀하셨을 때 모세의 대답을 적어 보십시오.

답: (6:12) ____

____

문8. 6장 16-25절에 레위 족속 중에서 족장들의 이름들이 기록되어 있습니다. 레위는 야곱의 몇째 아들이었나요?

답: __________

문9. 레위에게서 난 아들의 이름을 적어 보십시오.

답: ① __________ ② __________ ③(6:16) __________

문10. 레위의 세 아들 가운데 모세의 할아버지는 누구인가요?

답: (6:20) ________

문11. 모세의 아버지 이름은 아므람이고 어머니 이름은 요게벳입니다. 요게벳은 고핫의 여동생입니다. 그렇다면 아므람은 누구와 결혼하여 아론과 모세를 낳은 것일까요?

답: (6:20) ______________________

문12. 모세는 레위 족속의 남자와 여자에게서 난 레위 자손입니다. 그런데 레위 족보에서 모세가 빠져 있습니다. 그 이유가 무엇일까요?

답: (2:10) ______________________

문13. 하나님께서 이스라엘 자손을 애굽 땅에서 인도하시면서 그들을 그 군대대로 인도하라고 하셨습니다. 그 군대대로 인도하라는 것은 어떤 방식을 말씀하는 것인가요?

답: (6:26) ______________________

문14. 하나님께서 모세에게 "바로에게 가서 내가 명한 모든 말을 다 고하라" 고 하였을 때 모세는 자신의 어떤 점 때문에 바로가 자기 말을 들어주지 않을 것이라고 생각했나요?

답: (6:30) ____________________________________

출애굽기 7–8장

문1. 여호와께서 모세로 하여금 바로 앞에서 마치 신같이 되게 하여 많은 표징과 이적을 행하게 하셨으나 한편으로는 바로의 마음을 강퍅케 하셔서 모세의 하는 일을 더 어렵게 하신 이유가 무엇인가요?

답: (7:5) ____

____

문2. 모세와 아론이 바로에게 말할 때 모세와 아론의 나이는 각각 몇 살이었나요?

답: ① 모세: ________ ② 아론: (7:7) ________

문3. 모세와 아론이 바로에게 행한 첫 이적은 무엇이었나요?

답: (7:9) __________________________

문4. 그 이적을 본 바로가 애굽의 술객인 박사와 박수들에게 술법을 행하게 하여 그들이 던진 모든 지팡이가 뱀이 되었습니다. 그러자 아론의 지팡이가 그것들을 어떻게 하였나요?

답: (7:12) ____

문5. 바로의 마음이 강퍅하고 완강하여 이스라엘 백성을 보내지 못하겠다고 했습니다. 그러자 하나님께서는 모세에게 아침에 바로가 하숫가로 나올 때에 그곳에서 그를 맞으며, "히브리 사람의 하나님 여호와께서 내 백성을 광야로 보내어 나를 섬기게 하라 하였으나 어찌하여 네가 듣지 않느냐?" 하시며 "내 손의 지팡이로 하수를 칠 때에 네가 나를 여호와인 줄 알리라" 하셨습니다. 지팡이로 하수를 치니 무슨 일이 일어났나요? (7장 17-22절을 읽고 요점만 써 보십시오)

답: ____________________________________

____

문6. 애굽의 모든 사람들이 물을 마실 수 없어 고통스러워할 때 바로는 백성을 위하여 어떤 조치를 취하였나요?

답: (7:23) __________________________

문7. 애굽의 하수를 치신 후 칠 일이 지났을 때 여호와께서 모세에게 다시 명령을 내리셨습니다. 만일 이번에도 바로가 듣지 않거든 개구리가 애굽 온 땅의 재앙이 되게 하리라고 하셨습니다. 모세가 아론에게 명하여 아론이 팔을 애굽 물들 위에 펴니 개구리가 올라왔습니다. 그것들이 어디까지 올라갔나요?

답: (8:3) ____

문8. 바로의 침실까지 개구리가 올라가자 바로가 다급하여 모세와 아론에게 이스라엘 백성을 떠나게 할 테니 개구리를 떠나게 해달라고 하였습니다. 바로가 약속을 지켰나요?

답: (8:15) ____________________

문9. 여호와께서 모세에게 말씀하시기를 "아론에게 명하여 네 지팡이를 들어 땅의 티끌을 치게 하라 그것이 애굽 온 땅에서 이가 되리라" 고 하셨습니다. 그러자 땅의 티끌이 다 이가 되어 사람과 생축에게 올랐습니다. 바로의 술객들이 자기들도 해 보았으나 되지 않자 바로에게 무슨 말을 하였나요?

답: (8:19) ______________________________

문10. 여호와께서 네 번째 재앙으로 애굽 온 땅에 파리 떼로 가득하게 하실 때에 오직 이스라엘 백성이 거하는 땅에는 파리가 없게 하셨습니다. 그 땅 이름은 무엇인가요?

답: (8:22) ___________

문11. 바로가 모세를 불러 너희가 여호와께 희생을 드리되 애굽 땅에서 드리라고 하였습니다. 그러나 모세는 그렇게 할 수 없고, 우리는 여호와의 명하신 곳에서 희생을 드리겠다고 하였습니다. 여호와께서 명하신 곳은 어디입니까?

답: (8:27) ______________________________

• 문답으로 기억되는 성경 5회

출애굽기 9-10장

문1. 애굽 땅에 다섯 번째 재앙이 내렸을 때 이스라엘의 생축은 하나도 죽지 않았으나 애굽의 모든 생축은 죽었습니다. 그때 내린 재앙은 무엇이었나요?

답: (9:3) ____________________

문2. 모세와 아론이 풀무의 재를 가지고 바로 앞에 서서 하늘을 향하여 날리니 그 재가 사람과 짐승에게 붙었습니다. 그것이 무엇을 발하게 하였나요?

답: (9:10) ________

문3. 여호와께서 애굽에 재앙을 내리실 때 만일 온역을 내리셨다면 애굽 왕과 백성이 전멸할 것이므로 온역만은 면케 하셨습니다. 여호와께서 바로를 왕으로 세우신 이유가 무엇 때문이라고 하셨습니까?

답: (9:16) ____________________

____

문4. 여호와께서 우박 재앙을 선포하시고 사람이나 짐승이 죽지 않고 사는 길을 말씀하셨습니다. 어떻게 하면 죽지 않으리라고 말씀하셨나요?

답: (9:19–21) ________________________________

____

문5. 애굽 전역에 뇌성과 불덩이가 우박에 섞여 내렸으나 어느 곳에만 우박이 없었나요?

답: (9:26) ________________________

문6. 우박이 내릴 때 이삭이 나온 보리와 꽃이 핀 삼은 다 상하였습니다. 그러나 아직 자라지 않아서 상하지 않은 것이 있었습니다. 그것은 무엇입니까?

답: (9:32) ____________

문7. 바로가 모세와 아론에게 "이번은 내가 범죄하였노라 여호와는 의로우시고 나와 나의 백성은 악하도다 여호와께 구하여 이 뇌성과 우박을 그만 그치게 하라 내가 너희를 보내리니" 라고 하였습니다. 그래서 우박과 뇌성을 그치게 하였으나 바로는 어떻게 하였나요?

답: (9:34) ________________________________

____

문8. 여호와께서 모세에게 말씀하시기를 "바로의 마음과 그 신하들의 마음이 완강함은 나의 표징을 보이기 위함" 이라 하시고 그 표징을 누구에게 전하라고 하셨나요?

답: (10:2) ____

____

문9. 모세와 아론이 바로에게 들어가서 네가 만일 이번에도 거절하면 메뚜기 재앙을 내릴 것이라고 말하고 바로에게서 나왔습니다. 그때 바로의 신하들이 왕에게 무엇이라고 하였나요?

답: (10:7) ____

____

____

문10. 다급해진 바로가 모세에게 "너희 하나님 여호와를 섬기러 갈 자가 누구누구뇨"라고 묻자 모세가 대답하기를 "남녀노소 모두와 우양을 데리고 가겠나이다" 하였습니다. 그러자 바로는 너희 경영이 악하다고 하면서 누구만 가라고 하였나요?

답: (10:11) ____________

문11. 모세가 애굽 땅 위에 그 지팡이를 들매 여호와께서 바람을 일으켜 온 애굽 땅에 메뚜기가 날아와 덮였습니다. 그때 일어난 바람은 무슨 바람이었나요?

답: (10:13) __________

문12. 애굽 전체의 나무나 밭의 채소나 푸른 것은 하나도 남기지 않고 메뚜기 떼가 다 먹어 치웠습니다. 다급해진 바로가 "내가 득죄하였으니 이번만 용서하고 이 죽음만을 내게서 떠나게 하라" 하여 여호와께서 메뚜기를 홍해에 다 몰아넣었습니다. 그때 불었던 바람은 무슨 바람이었나요?

답: (10:19) __________

문13. 여호와께서 모세의 손을 하늘을 향하여 들게 하시고 애굽 온 땅에 흑암이 있게 하셨습니다. 그때 사람이 사람을 볼 수 없었습니다. 그 흑암이 며칠 동안 계속되었나요?

답: (10:22) __________

문14. 흑암의 재앙은 몇 번째 재앙인가요?

답: __________

문15. 바로가 모세에게 "남녀노소 다 가도 좋다. 그러나 양과 소는 놓고 가라"고 하였습니다. 모세는 양과 소를 반드시 데리고 가야 하는 이유를 말하였습니다. 그 이유가 무엇이었나요?

답: (10:26) ____

____

문16. 바로가 모세에게 다시 내 앞에 오지 말라고 했습니다. 다시 내게 보이면 어떻게 하겠다고 하였나요?

답: (10:28) __________

• 문답으로 기억되는 성경 6회
출애굽기 11-12장

문1. 여호와께서 이스라엘 백성들로 애굽 사람의 은혜를 받게 하셨습니다. 애굽 사람들에게 받은 은혜란 무엇을 말하는 것인가요?

답: (11:2) ______________________________

문2. 모세가 바로에게 마지막으로 내릴 열 번째 재앙을 선포했습니다. 그 열 번째 재앙은 무엇인가요?

답: (11:5) ______________________________

____

____

문3. 여호와께서 애굽 땅에서 모세와 아론에게 말씀하시기를 "이 달로 너희에게 달의 시작 곧 해의 첫 달이 되게 하라" 하셨습니다. 달의 시작 곧 해의 첫 달이 되게 하라고 하심은 무엇을 말씀하신 것인가요?

답: (힌트: 이날부터 OOOO의 OO는 시작된다)

______________, ____________________

문4. 이스라엘의 역사는 어디에서 시작되는 것일까요?

답: ____________

문5. 유대력으로 1월 10일에 한 가족당 어린양 한 마리씩 일 년 된 수컷으로 정하여 14일까지 간직하였다가 해질 무렵에 그 양을 잡고 양의 피를 받아 무엇을 하라고 하였나요?

답: (12:7) ______________________________________

문6. 양고기를 어떻게, 무엇과 함께 먹으라고 하였나요?

답: (12:8) ____________, ______________

문7. 고기를 아침까지 남겨두지 말며 아침까지 남은 것은 어떻게 처리하라고 했나요?

답: (12:10) ____________

문8. 양고기를 불에 구워 먹을 때 어떤 모습을 하고 먹으라 했나요?

답: (12:11) ______________________________________

____

문9. 이것을 여호와의 무슨 절기라고 했나요?

답: (12:11) __________

문10. 여호와께서 "내가 애굽 땅에 처음 난 것을 다 칠 때에 너희 집에 있는 표적을 보고 너희를 넘어가리니 너희를 멸하지 아니하리라" 하셨습니다. 그 표적이 무엇인가요?

답: (12:13) ____

____

문11. 여호와께서 이스라엘 장자는 죽이지 않은 그 첫 날부터 칠 일 동안 무교병을 먹으라고 하셨습니다. 무교병은 무엇인가요?

답: ______________________________

문12. 무교병을 먹는 7일 동안을 무교절이라 하는데 이 무교절 첫날에 이스라엘 백성은 무엇을 하였나요?

답: (12:15) ______________________________

문13. 무교절에 먹는 무교병은 언제부터 언제까지 먹는 것인가요?

답: (12:18) ____

문14. 이스라엘 백성들이 양을 잡고 그릇에 담은 피를 문 인방과 좌우 문설주에 뿌렸는데 무엇으로 뿌렸나요?

답: (12:22) ____________________

문15. "너희가 애굽에서 벗어나 여호와께서 너희에게 주시는 땅에서 살 때에 이 예식이 무슨 뜻이냐 묻거든 이는 여호와의 유월절 제사라" 고 하셨습니다. 유월절이 무엇인지 써 보십시오.

답: (12:27) ____

____

____

문16. 밤중에 여호와께서 애굽 땅에서 모든 처음 난 것 곧 장자를 치셨습니다. 애굽에 큰 호곡이 있었으니 그 나라에 사망당하지 아니한 사람이 하나도 없었습니다. 바로의 장자도 죽었습니다. 그러자 그 밤에 바로가 모세와 아론을 불러서 무엇이라 하였나요?

답: (12:31-32) ____________________________________

____

____

문17. 애굽 사람들이 이스라엘 백성들을 속히 떠나라고 재촉하였습니다. 그들이 급하게 어깨에 메고 떠난 것은 무엇이었나요?

답: (12:34) ____

문18. 이스라엘이 군대의 행렬처럼 질서정연하게 애굽을 출발했습니다. 그들의 출발지가 어디였나요?

답: (12:37) ________

문19. 애굽을 출발한 이스라엘 사람들의 수효가 유아 외에 걸어서 갈 수 있는 장정만 몇 명쯤 되었나요?

답:(12:37) ________

문20. 이스라엘 자손이 애굽에 거주한 지 몇 년 만에 애굽 땅에서 나올 수 있었나요?

답: (12:40) ____________

문21. 애굽의 라암셋에서 출발한 이스라엘 백성이 첫날밤을 어디에서 맞이하였나요? 그리고 그 첫날밤을 무슨 밤이라 말하며 대대로 지키라고 하였나요?

답: ① 첫날밤을 지낸 곳: (12:37) ________

② 첫날밤의 이름 : (12:42) ______________

문22. 이방인이나 돈으로 산 종이나 타국인은 유월절 양고기나 무교병을 먹을 수 없고 유월절 성회에 참석할 수도 없었습니다. 타국인이나 종이 유월절에 참가하려면 조건이 있었습니다. 그 조건이 무엇이었나요?

답: (12:48) ____________________

문23. 유월절 양을 잡아 고기를 먹을 때 그 고기가 조금도 집 밖으로 나가면 안 되었습니다. 양의 뼈에 대해서는 어떤 명령이 있었나요?

답: (12:46) ____________

문24. 여호와께서 이스라엘 자손을 그 군대대로 애굽 땅에 인도해 내셨다고 하셨습니다. 그 군대대로 인도하셨다는 말은 무슨 뜻인가요?

답: ___________________________

• 문답으로 기억되는 성경 7회

출애굽기 13-14장

문1. 여호와께서 모세에게 말씀하시기를 "이스라엘 자손 중에서 사람이나 짐승이나 무론하고 처음 난 것은 다 하나님께 바치라" 고 하시며 처음 난 것은 다 누구의 것이라고 하였나요?

답: (13:2) ______________________

문2. 모세가 백성에게 말하기를 애굽에서 종 되었던 집에서 나온 그날을 기념하여 무엇을 먹지 말라고 하셨나요?

답: (13:3) ______________________

문3. ① "나귀의 첫 새끼는 다 어린양으로 대속할 것이요 너의 아들 중 모든 장자 된 자는 다 대속할지니라" 고 하셨습니다. 대속(代- 대신할 대, 贖- 속죄할 속)의 뜻이 무엇인가요?

② 모든 장자들을 다 무엇으로 대속하는 것인가요? 또 대속해야 하는 까닭은 무엇인가요?

답: ①(13:12) ______________________________________

②ⓐ ______________________________

ⓑ(13:15) ______________________________

____

문4. 13장 13절에 나귀의 첫 새끼는 다 어린양으로 대속하라고 하셨는데 나귀를 어린양으로 대속해야 할 이유가 무엇인가요?

답: (레 11:4 참조) ______________________________

____

문5. 처음 난 수컷으로 일 년 된 어린양은 이스라엘의 장자 대신 다 희생의 제물이 되었습니다. 이것으로 네 손의 기호와 네 미간의 표를 삼으라고 하셨는데 손의 기호와 미간의 표가 무엇인가요?

답: ① 손의 기호: 힌트- 손목에 걸고 있던 것 ______________

② 미간의 표: 힌트- 머리를 둘러 이마에 걸고 있던 것(13:16)______________

문6. 애굽을 빠져 나온 이스라엘 백성들이 가나안으로 갈 때 블레셋 사람의 땅을 통과하면 불과 15일 정도면 갈 수 있는 가까운 길이었습니다. 그런데 하나님께서는 이스라엘 백성들을 훨씬 먼 홍해의 광야 먼 길로 돌아가도록 인도하셨습니다. 왜 그렇게 하셨나요?

답: (13:17) ______________________________

문7. 이스라엘 자손이 애굽 땅에서 나올 때에 항오를 지어서 나왔다고 했습니다. 항오란 어떤 행렬인가요?

답: ____________________________

문8. 이스라엘 자손이 애굽에서 나올 때 430년 전에 맹세한 요셉과의 약속을 지켰습니다. 그것은 무엇이었나요?

답: (13:19) ____________________________

문9. 이스라엘 자손이 애굽의 라암셋에서 출발하여 첫날밤을 숙곳에서 발행하여 광야 끝까지 가서 장막을 쳤습니다. 그곳 이름은 무엇인가요?

답: (13:20) ____________________________

문10. 이스라엘 자손이 광야를 지날 때 여호와께서 그들 앞에서 행하며 그들의 길을 밤낮으로 인도하셨습니다. 어떻게 인도하셨나요?

답: (13:21) ____________________________

문11. 이스라엘 백성이 홍해 바닷가에 장막을 치고 있을 때 애굽 왕 바로와 그 신하들이 이스라엘 자손들을 놓아 보낸 것을 후회하고 곧바로 행동을 취했습니다. 바로와 그의 군대들이 어떻게 하였나요?

답: (14:6-9) ______________________________

____

문12. 바로의 마병과 병거와 군대들이 이스라엘 백성이 장막 친 해변 가까이에 쫓아온 것을 본 이스라엘 자손들이 두려워서 부르짖고 모세에게 뭐라고 했나요?

답: (14:11-12) ______________________________

____

문13. 그때 모세가 백성들에게 뭐라고 말했나요?

답: (14:13-14) ______________________________

____

문14. 그때 여호와께서 모세에게 명하신 것이 무엇이었나요?

답: (14:15-16) ______________________________

____

____

문15. 이스라엘 자손의 진 앞에 행하던 하나님의 사자가 진 뒤로 옮겨 행했습니다. 그러자 앞에 있던 구름 기둥도 뒤로 옮겨졌습니다. 그런 상황을 설명해 보십시오.

답: (14:20) ______________________________

____

문16. 여호와의 큰 동풍이 밤새도록 홍해 바닷물을 물러가게 하시니 바다가 어떻게 되었나요? 그리고 이스라엘 자손은 어떻게 하였나요?

답: (14:21-22) ______________________________

____

문17. 바로의 말과 병거들은 어떻게 되었나요?

답: (14:23) ______________________________

____

문18. 새벽에 여호와께서 마른 땅이 된 바다로 쫓아 들어온 애굽 군대를 보시고 어떻게 하셨나요?

답: (14:24-25) ______________________________

____

문19. 바다로 뛰어들었던 애굽 군사들이 몹시 어렵게 되자 그들이 무엇을 느끼고 무엇이라고 했나요?

답: (14:25) ______________________________

____

문20. 바다로 뛰어든 바로의 군대가 도망치지 못하도록 여호와께서 모세에게 명하셨습니다. 모세에게 무엇을 어떻게 하라고 명하셨나요?

답: (14:26) ______________________________

____

문21. 모세가 손을 바다 위로 내어밀자 바다에 어떤 일이 일어났나요?

답: (14:28) ______________________________

____

문22. 갈라져 벽이 되어 있던 바닷물이 회복되며 다시 흐르게 되었을 때 이스라엘 자손이 걸어가던 바닷길은 어떻게 하였나요?

답: (14:29) ______________________________

____

문23. 여호와께서 이스라엘 사람들에게 베푸신 그 같은 큰 기적에 대하여 이스라엘 자손들은 무엇을 하였나요? 세 가지로 나누어 써 보십시오.

답: ① ______________________________

② ______________________________

③ (14:31) ______________________________

• 문답으로 기억되는 성경 8회

출애굽기 15–16장

문1. 이스라엘 사람들이 자신들을 뒤쫓아온 애굽 군사와 병거와 마병이 바다에 수장됨을 보았을 때 그들은 무엇을 하였나요?

답: (15:1–2) ______________________________

____

문2. 이스라엘 사람들은 자신들을 구원하신 여호와를 무엇이라고 하였는지 다섯 가지로 써 보십시오.

답: ① ______________ ② ______________

③ ______________ ④ ______________

⑤ (15:2–3) ______________________

문3. 여호와는 무엇으로 원수를 부수었나요?

답: (15:6) ______________________

문4. 애굽의 군사들이 흉용한 바닷물에 무엇처럼 잠겨 버렸나요?

답: (15:10) ____________________

문5. 주께서 그 구속하신 백성을 무엇으로 인도하시어 주의 힘으로 그들을 주의 성결한 처소에 들어가게 하시나요?

답: (15:13) ____________________

문6. 여호와께서 뒤쫓아온 애굽 군사를 바다 가운데 수장시키시고 이스라엘 자손을 구원하신 소식을 들은 열방이 떨며, 놀람과 두려움이 그들에게 미치며, 낙담할 것이라고 하였던 네 거민의 이름을 적어 보십시오.

답: ① ________ ② ________
③ ________ ④ (15:14-15) ________

문7. 이스라엘 자손들이 여호와의 다스리심이 언제까지라고 노래하였나요?
답: (15:18) ________________

문8. 여호와의 구원을 노래하며 소고를 잡고 춤을 춘 사람들을 둘로 나누어 써 보십시오.

답: ① ____________________
② (15:20) ________________

문9. 모세는 홍해에서 나온 이스라엘 백성을 어디로 인도하였으며 그들이 그 광야에서 며칠을 걸었나요?

답: (15:22) ______________________

문10. 사흘 동안 걸으면서 물을 얻지 못한 이스라엘 백성이 물을 발견한 곳은 어디였으며, 그 물은 어떤 물이었나요?

답: (15:23) ______________________________

문11. 마라에서 백성들이 모세를 대하여 어떻게 하였나요?

답: (15:24) __________

문12. 모세가 여호와께 부르짖었더니 여호와께서 무엇을 지시하셨나요?

답: (15:25) ______________________________

문13. 모세가 여호와의 지시대로 하였을 때 그 물이 어떻게 변했나요?

답: (15:25) ____________________

문14. 여호와께서 이스라엘 자손들을 위하여 법도와 율례를 정하시고 그들을 시험하시며 말씀하시기를 너희가 너희 하나님 나 여호와의 말을 청종하고, 나의 보기에 의를 행하며, 내 계명에 귀를 기울이며, 내 모든 규례를 지키면 그 보답으로 어떻게 해주신다고 하셨나요?

답: (15:26) ______________________________

____

문15. 그들이 마라에서 떠나 다음 장막을 친 곳은 어디이며, 그곳에는 무엇이 있었나요?

답: (15:27) ______________________________

문16. 이스라엘 자손의 온 회중이 엘림에서 떠나 엘림과 시내 산 사이 신 광야에 이르렀는데 그때가 애굽에서 나온 후 몇 월 몇 일이었으며 얼마만이었나요?

답: ① ____월 ____일 ② 걸린 기간: (16:1) ______

문17. 신 광야에 도착한 이스라엘 온 회중이 모세와 아론을 또다시 원망하였습니다. 그들이 무엇 때문에 원망했으며, 그 내용은 무엇이었나요?

답: ① ______________________________

②원망한 내용: (16:3)______________________________

문18. 이스라엘 백성들의 원망함을 들으시고 여호와께서 모세에게 광야에서 먹일

일용할 양식을 약속하셨습니다. 그 양식은 어디서 오는 것인가요?

답: (16:4) ________________________________

문19. 그 양식을 거두는 방법을 율법으로 정하시고 그 율법대로 따르는지를 시험하리라고 하셨습니다. 그 율법은 무엇이었나요?

답: (16:5) ____

문20. 모세가 이스라엘 백성에게 말하기를 우리를 향한 너희의 원망은 곧 누구에게 원망함과 같다고 하였나요?

답: (16:8) ____

문21. 아론이 이스라엘 백성에게 말할 때 광야를 바라보니 여호와의 영광이 나타났습니다. 그 영광이 어디에 나타났나요?

답: (16:10) ____

문22. 여호와께서 모세에게 해질 때에는 고기를, 아침에는 떡으로 배불리 먹을 것이라고 하셨습니다. 고기는 무슨 고기이며, 떡은 무슨 떡인가요?

답: ① 고기: ____________ ② 떡: (16:13-15) ______

문23. 각 사람이 식량을 거둘 때에 매명에 한 오멜씩 거두라고 하셨습니다. 그것을 아침까지 남겨 두지 말라고 하셨는데 불순종하고 남긴 결과, 그것이 어떻게 되었나요?

답: (16:20) ______________________________

문24. 제 육일에는 각 사람당 두 오멜씩 거두어 각자 방법대로 요리하여 두었다가 다음 날 먹어도 냄새도 없고 벌레도 생기지 않았습니다. 제 칠일은 무슨 날이었나요?

답: (16:26) ________

문25. 제 육일에는 이틀 양식을 거두게 하시고 제 칠일에는 양식을 얻으러 광야로 나가지 말라고 하셨습니다. 그러나 제 칠일에도 양식을 거두러 나간 백성들이 있었습니다. 그들은 무엇을 지키지 않았나요?

답: (16:28) ________________

문26. 이스라엘 족속이 광야 지면에 내린 작고 둥근 양식의 이름을 무엇이라고 하였나요? 그리고 색상과 맛은 어땠나요?

답: (16:31) ①이름: ______ ②색상: ______
③맛: ____________

문27. 아론이 항아리를 가져다가 그 속에 만나 한 오멜을 담아 간수하였습니다. 만나를 간수한 이유가 무엇이며, 그 항아리를 어디에 두어 간수하게 했나요?

답: (16:32-34) ______________________________

____

문28. 이스라엘 자손들이 만나를 언제까지 먹었으며, 몇 년 동안 먹었나요?

답: (16:35) ______________________________

문29. 오멜은 에바 십 분의 일이라고 하였는데 오멜은 몇 되쯤이고 에바는 몇 말쯤인가요?

답: ① 오멜: ______ 되 ② 에바: ______ 말

• 문답으로 기억되는 성경 9회

출애굽기 17-18장

문1. 이스라엘 백성의 온 회중이 여호와의 명령대로 신 광야를 떠나 행하다가 장막을 친 곳이 어디였나요? 또 그들이 장막을 친 곳에 무슨 문제가 있었나요?

답: (17:1) ① 장막을 친 곳: ______________

② 문제점: ________________________

문2. 마실 물이 없어 목이 갈했던 이스라엘 자손들이 모세에게 대하여 행한 것과 하나님을 시험한 언사 등을 세 가지로 나누어 써 보십시오.

답: (17:3) ① ____

② ____

(17:7) ③ ____

문3. 모세가 여호와께 부르짖어 기도했을 때 여호와께서 모세에게 하수를 치던 네 지팡이를 손에 잡고 장로들을 데리고 어디로 가서 어떻게 하라고 하셨나요?

답: (17:6) __________________________

문4. 그들이 르비딤에서 모세와 다투고 하나님을 시험하였으므로 모세가 그곳 이름을 무엇이라고 하였는지 두 가지를 써 보십시오.

답: (17:7) ① ________ ② __________

문5. 르비딤에서 모세가 장로들 목전에서 호렙 산 반석을 쳐서 물을 내었습니다. 이스라엘 온 회중이 물을 마시고 났을 때 갑자기 이스라엘을 공격한 족속이 있었습니다. 그 족속의 이름이 무엇인가요?

답: (17:8) __________

문6. 모세가 "나는 하나님의 지팡이를 손에 잡고 산꼭대기에 서 있을 것이니 너는 나가서 아말렉과 싸우라" 고 하였습니다. 모세의 명을 받는 사람의 이름은 무엇인가요?

답: (17:9) ___________________

문7. 모세가 지팡이를 들고 산꼭대기로 올라갈 때 누구와 같이 갔나요? 두 사람의 이름은 무엇인가요?

답: (17:10) ① ________ ② ________

문8. 여호수아가 아말렉과 싸울 때 지팡이를 든 모세의 손이 올라가고 내려갈 때마다 어떤 일이 있었나요?

답: (17:11) ______________________________

문9. 지팡이를 든 모세의 팔이 내려오지 않도록 아론과 훌이 어떻게 했는지 두 가지를 써 보십시오.

답: (17:12) ① ______________________________

② ______________________________

문10. 여호수아가 칼로 아말렉을 쳐서 이겼습니다. 여호와께서 모세에게 아말렉을 쳐서 이긴 것에 대하여 무엇을 지시하셨나요?

답: (17:14) ______________________________

____

문11. 모세가 단을 쌓고 그 단의 이름을 무엇이라 하였나요?

답: (17:15) ____________

문12. 여호와께서 무엇이라고 맹세하셨나요?

답: (17:16) ______________________________

문13. 모세의 장인 미디안 제사장 이드로가 잠시 자기에게 맡겼던 그의 딸 십보라와 두 외손자 게르솜과 엘리에셀을 데리고 모세가 진을 치고 있는 호렙 산에 이르렀습니다. 게르솜과 엘리에셀이란 이름의 뜻은 무엇인가요?

답: ① 게르솜:(18:3) ________________

② 엘리에셀:(18:4) ________________

____

문14. 모세가 그의 장인이자 스승인 이드로를 맞아 절하고 입 맞추고 문안하고 함께 장막에 들어가 하나님께서 애굽에서 바로와 애굽 백성에게 행하신 모든 일과 길에서 당한 모든 고난과 여호와께서 구원하신 일을 다 말했습니다. 그러자 이드로가 듣고 기뻐하며 무엇을 알았다고 했나요?

답: (18:11) ________________

____

문15. 다음 날 이드로는 모세가 아침부터 저녁 때까지 홀로 앉았고 백성들이 그 앞에 나아오는 것을 보고 무엇을 하는 것이냐고 물었습니다. 그러자 모세는 무엇이라고 대답했나요?

답: (18:16) ________________

____

문16. 그 말을 들은 장인이 모세에게 무엇이라고 했나요?

답: (18:17) ________________

문17. 그대의 하는 것이 선하지 못하다고 한 이유는 무엇인가요?

답: (18:18) ____

____

문18. 모세의 장인은 모세에게 무엇을 어떻게 하라고 가르쳤나요? 세 가지로 나누어 써 보십시오.

답: ① (18:20) ____

② (18:21) ____

____

③ (18:22) ____

문19. 모세는 장인의 가르침대로 백성의 두목으로 천부장과 백부장과 오십부장과 십부장을 삼아 때를 따라 백성을 재판하였습니다. 그들은 자신들이 감당하지 못할 어려운 일은 어떻게 하였나요?

답: (18:26) ____

문20. 그후 모세의 장인 이드로는 어디로 갔나요?

답: (18:27) ____________________________________

출애굽기 19–20장

문1. 이스라엘 자손이 애굽에서 빠져나온 지 두 달 만에 시내 광야에 이르러 그곳 산 앞에 장막을 쳤습니다. 그 산 이름이 무엇인가요?

답: (19:11) ___________

문2. 하나님께서 모세를 산에서 불러 말씀하시기를 너는 내가 네게 말한 것을 이스라엘 자손에게 다 전하라고 하셨습니다. 그때 하나님께서 모세에게 전하라고 말씀한 내용을 세 가지로 나누어 써 보십시오.

답: ① (19:4) ______________________________

② (19:5) ______________________________

____

③ (19:6) ________________________

문3. 모세가 와서 명하신 모든 말씀을 백성의 장로들에게 진술하니 백성의 응답이 무엇이었나요?

답: (19:8) __________________________

문4. 여호와께서 모세에게 이르시되 "백성들에게 옷을 빨고 성결케 하여 제삼일을 기다리라 나 여호와가 온 백성의 목전에 강림할 것이라" 고 하셨습니다. 여호와께서 강림하신다고 하신 곳이 어디인가요?

답: (19:11) __________

문5. 여호와께서 "너는 백성을 위하여 산 사면에 지경을 정하고 정해진 곳에서부터는 더 이상 산에 오르지 못하게 하라. 나팔을 길게 불거든 모든 백성으로 산 앞에 서게 하고 더 이상 나오지 못하게 하라. 지경을 범하는 자는 사람이든 짐승이든 죽으리라" 고 하셨습니다. 지경을 범하여 산에 오르는 것을 다른 말로 무엇이라고 하나요?

답: (19:21) ______________

문6. 모세가 하나님을 맞으려고 백성을 거느리고 진에서 나와 산기슭에 서 있을 때 여호와께서 강림하시는 모습은 어떠했나요?

답: (19:18) ____

____

____

문7. 여호와께서 시내 산 어디쯤에 강림하셔서 모세를 부르셨나요?

답: (19:20) ______________________________

문8. 모세에게 이르시되 "내려가서 백성을 신칙하라 백성이 나 여호와를 와서 보려고 하다가 죽을까 하노라" 고 하셨습니다. '신칙하라' 는 말은 무슨 뜻인가요?

답: ______________________________

문9. 하나님이 모세에게 말씀하시기를 "나는 너를 애굽 땅 종 되었던 집에서 인도하여 낸 너의 하나님 여호와라" 하시고 이스라엘 백성들이 해서는 안 되는 열 가지 명령을 내리셨습니다. 그 첫째 계명을 써 보십시오.

답: (20:3) ______________________________

문10. 그 둘째로는 "너를 위하여 새긴 우상을 만들지 말고 또 위로 하늘에 있는 것이나 아래로 땅에 있는 것이나 땅 아래 물속에 있는 것의 아무 형상이든지 만들지 말며 그것들에게 절하지 말며 그것들을 섬기지 말라" 고 하셨습니다. 여호와 하나님이 그렇게 말씀하신 이유가 무엇인가요?

답: (20:5) ______________________________

문11. 하나님을 미워하는 자의 죄는 언제까지 갚아 준다고 하였으며, 하나님을 사랑하고 그의 계명을 지키는 자에게 언제까지 은혜를 베푸신다고 하셨나요?

답: ① (20:5) 하나님을 미워한 자의 죄:

____

② (20:6) 하나님을 사랑하고 계명을 지킨 자:

____

문12. 세 번째로 "여호와의 이름을 망령되이 일컫지 말라" 고 하셨습니다. '망령되이' 란 무슨 뜻인가요?

답: ______________________________

____

문13. 네 번째 계명은 "안식일을 기억하여 거룩히 지키라. 엿새 동안은 힘써 네 모든 일을 행할 것이나 제칠일은 너의 하나님 여호와의 안식일인즉 너희 모두는 아무 일도 하지 말라" 고 하셨습니다. 여호와 하나님은 엿새 동안 무엇을 하셨으며, 제칠일에는 무엇을 하셨나요?

답: (20:11) ______________________________

____

문14. 여호와 하나님이 안식일을 복되게 하시고 거룩하게 하셨다고 하셨는데 '거룩' 은 무슨 뜻인가요?

답: ______________________________

문15. 다섯째 계명에서 "네 부모를 공경하라" 하시고 부모를 공경하면 어떻게 될 것이라고 하셨나요?

답: (20:12) ______________________________

문16. 여섯째 계명부터 열 번째 계명까지 기록해 보십시오.

답: 여섯째 계명(20:13): ____________________

일곱째 계명(20:14): ____________________

여덟째 계명(20:15): ____________________

아홉째 계명(20:16): ______________________________

열 번째 계명(20:17): ______________________________

문17. 뭇 백성이 산에서 나는 연기와 우뢰와 번개와 나팔 소리와 산의 연기를 보고 들으며 두려워하였습니다. "우리가 하나님의 말씀을 직접 들으면 죽을까 두려우니 당신이 대신해서 우리에게 말씀해 주시오"라고 하였을 때 모세는 그들에게 하나님이 강림하신 이유를 말하였습니다. 그 이유가 무엇이라고 하였나요?

답: (20:20) ____

____

문18. 여호와께서 "내게 토단을 쌓고 그 위에 너의 양과 소로 번제와 화목제를 드리라"고 하셨습니다. 그리고 그곳에 하나님이 강림하셔서 무엇을 주리라고 하셨나요?

답: (20:24) ____________________

문19. 번제와 화목제는 구약 시대 종류의 제사인데 어떻게 드리는 제사인가요?

답: ① 번제: ____

② 화목제: ____

출애굽기 21-22장

문1. 율법은 이스라엘 자손이 지킬 절대 기본법과 생활의 세부사항을 규정하는 일반법으로 나누어져 있습니다. 십계명이 율법의 기본법이라면 생활의 세부사항을 규정한 일반법을 율례라고 하였습니다. 그 율례의 첫 사례로 히브리 종에 대한 내용이 있습니다. 범죄한 대가를 치르지 못했거나 빚을 지고 갚지 못하면 히브리 종이 되었습니다. 히브리 종은 몇 년이 지나면 자유할 수 있었나요?

답: (21:2) __________

문2. 히브리 종이 자유할 시기를 얻었다고 해도 처자와 함께 독립할 처지가 못 되어 나는 상전의 집에 종으로 있겠다고 결정할 때에는 영영히 상전을 섬겨야 했습니다. 종의 결정을 번복할 수 없도록 상전이 행한 일 두 가지를 써 보십시오.

답: (21:6) ① ______________________________

② ____

문3. 사람이 사람을 죽였을 때 계획적이거나 음모한 살인이 아니면 도망쳐 하나님이 정하신 제단 뿔을 잡으면 죽임을 면할 수 있었습니다. 그러나 모살(음모하거나 미리 계획하여 죽인 것)하였을 때에는 어떻게 하라고 하였나요?

답: (21:14) ______________________________

문4. 자기 아비나 어미를 때리거나 저주한 자는 어찌하라고 하였나요?

답: (21:15-17) ____________________

문5. 사람을 후린 자가 그 사람을 팔았든지 자기 수하에 두었든지 그를 반드시 죽이라고 하였습니다. '후린 자' 란 무슨 뜻인가요?

답: 힌트: 어리숙한 사람을 (　　　　)내다, 그럴듯한 방법으로 사람의 정신을 흐리게 하여 (　　　)내다.

문6. 사람이 서로 싸우다가 상대방을 죽이지 않고 지팡이를 짚고라도 기동할 정도로 상해만 입혔을 경우에는 형벌은 면하는 대신 어떤 판결을 내리라고 하였나요?
답: (21:19) ____

문7. 사람이 매로 종을 쳐서 죽이면 반드시 형벌을 받아야 하지만 하루, 이틀 정도에서 회복된다면 어떻게 하라고 했나요?

답: (21:21) ____

문8. 사람이 서로 싸우다가 임신한 여인을 낙태케 하였으면 그 남편의 청구대로 재판장의 판결을 좇아 벌금을 내야 했습니다. 그러나 만일 임신한 여인이 죽었거나 어떤 신체적 부위에 손상을 입었다면 어떤 형벌을 받아야 했나요?

답: (21:23-25) ______________________________

____

____

문9. 사람이 자기 종을 쳐서 눈이나 이를 상하게 했을 경우 어떤 판결을 하라고 하였나요?

답: (21:26-27) ______________________________

문10. 소가 사람을 받아서 죽이면 소를 돌로 쳐 죽이고 그 고기도 먹지 말 것이며 소 임자는 형벌을 면한다고 하였습니다. 어떤 소일 때 소 임자가 형벌을 면했나요?

답: ______________________________

문11. 평소에 받는 버릇이 있는 사나운 소를 가진 임자가 위험한 소라는 경고를 받았음에도 단속하지 않아 사람을 받아 죽였을 경우 소에 대한 처벌은 무엇이며, 임자는 어떤 형벌을 받았나요?

답: (21:29) ______________________________

문12. 사람이 파 놓은 구덩이에 소나 나귀가 빠져 죽으면 구덩이를 판 주인이 짐승의 임자에게 어떻게 하라고 했나요?

답: (21:34) ____

____

문13. 어떤 사람의 소가 다른 사람의 소를 받아 죽이면 산 소를 팔아 그 값을 반분하고 죽은 소도 반분하였다. 그러나 본래 받는 버릇이 있는 줄 알고도 그 소 임자가 단속하지 않았을 경우에는 어떻게 하라고 했나요?

답: (21:36) ____

문14. 사람이 소나 양을 도적질하여 잡거나 팔면 소 하나에 소 몇으로 갚아야 하며, 양 하나에 양 몇으로 갚아야 하나요?

답: (22:1) ① 소: __________ ② 양: __________

문15. 야밤에 뚫고 들어온 도적은 쳐 죽여도 죄가 없었습니다. 그런데 낮에 들어온 도적을 쳐 죽였을 경우에는 어떻다고 했나요?

답: (22:3) ____________________

문16. 자신의 가축이 남의 밭에서 먹었을 경우 어떻게 배상하라고 했나요?

답: (22:5) ____

문17. 과실로 불을 내어 남의 곡식이나 전원을 태우면 어떤 책임을 져야 했나요?

답: (22:6) ______________________

문18. 사람이 자기 가축을 이웃에게 맡겨 지키게 하였다가 죽거나 다쳤거나, 달아났을 경우 맡은 자가 자기가 손대거나 잘못한 것이 아니라고 여호와로 맹세하면 그 임자는 어떻게 하라고 했나요?

답: (22:11) ______________________

문19. 만일 이웃에게 세를 내고 빌려온 것이 그 임자가 함께 있지 아니할 때에 상하거나 죽으면 반드시 배상해야 했습니다. 그러나 상하거나 죽어도 배상 책임을 지지 않는 경우가 있었습니다. 그것은 어떤 경우인가요?

답: (22:15) ______________________

문20. 무당을 어떻게 하라고 했나요?

답: (22:18) ______________________

문21. "너는 이방 나그네를 압제하거나 학대하지 말라 너도 나그네였지 않느냐" 라고 하셨습니다. 그들이 어디서 나그네로 있었나요?

답: (22:21) ______________________

문22. 여호와께서는 과부나 고아의 부르짖음을 반드시 들으시고 그들을 해롭게 한 자들에게 어떤 벌을 내리신다고 하셨나요?

답: (22:24) ________________________________

____

문23. 가난한 자가 돈을 꾸면 이자를 얼마나 받으라고 하였나요?

답: (22:25) ________________________________

문24. 만일 이웃의 옷을 전당잡았을 경우 해가 지기 전에 돌려 주라고 하셨습니다. 그 이유는 무엇인가요?

답: (22:27) ________________________________

____

문25. 이스라엘 자손들이 소나 양의 처음 난 것을 여호와께 바칠 때에 며칠 동안 어미와 있게 하고 몇 일째 되는 날에 바치라고 하셨나요?

답: (22:30) ________________________________

____

문26. 들에서 찢겨 죽은 짐승의 고기는 먹지 말고 어떻게 하라고 하셨나요?

답: (22:31) ________________

• 문답으로 기억되는 성경 12회

출애굽기 23-24장

문1. "너는 허망한 풍설을 전파하지 말며 악인과 연합하여 무함(없는 일을 꾸며내어 남을 함정으로 몰아넣는 것)하는 증인이 되지 말며 다수를 따라 악을 행하지 말며 송사에 다수를 따라 부정당한 증거를 하지 말며 가난한 자의 송사라고 편벽되이 두호하지 말지니라" 하신 말씀 중 '허망한 풍설'은 무슨 뜻이며 '편벽되이 두호하지 말라'는 것은 무슨 뜻인가요?

답: ① (23:1) 허망한 풍설: ____________________

② (23:3) 편벽된 두호: ______________________________

문2. 원수가 잃어버린 소나 나귀를 만났을 때 어떻게 하라고 하셨나요?

답: (23:4) ______________________________

문3. 만일 나를 미워하던 자의 나귀가 짐을 싣고 엎드러짐을 보았을 때 어떻게 하는 것이 율례인가요?

답: (23:5) ____

문4. 뇌물을 받지 말라고 하시면서 뇌물의 특성이 무엇이라고 하셨나요?

답: (23:8) ____
____

문5. 6년 동안은 곡식을 심고 그 소산을 거두지만 제칠 년에는 땅을 갈지 말고 묵혀 두라고 하신 이유가 무엇인가요?

답: (23:11) ____

문6. 6일 동안은 일을 하고 제칠 일에는 쉬라고 하셨습니다. 제칠 일에 쉬라고 하신 진정한 이유가 무엇인가요?

답: (23:12) ____
____

문7. 매년 삼차 절기를 지키라고 하셨습니다. 그 세 가지 절기의 이름을 써 보십시오.

답: (23:15-16) ① ________ ② ________ ③ ________

문8. 아빕월이란 유대력으로 1월입니다. 1월 며칠부터 7일 동안 무교병(누룩을 넣지 않은 떡)을 먹는 것인가요?

답: ________________________________

문9. 맥추절은 무엇인가요?

답: (23:16) ________________________________

문10. 수장절은 무엇인가요?

답: (23:16) ________________________________

문11. 너의 토지에서 처음 익은 열매의 첫 것을 가져다가 어디에다 드리라고 하였나요?

답: (23:19) ________________

문12. 하나님께서 하나님의 사자를 이스라엘 백성 앞에 보내어 길에서 그들을 보호하여 이스라엘 백성들로 하나님께서 예비한 가나안 땅에 이르게 할 것인데 그들에게 어떻게 하라고 명령하셨나요?

답: (23:21) ________________________________

문13. 하나님께서는 네가 내 사자의 말을 잘 듣고 그대로 행하면 어떻게 해주신다고 하셨나요?

답: (23:22) ________________________________

____

문14. 하나님의 사자가 앞서 가서 가나안 땅의 어느 족속에게 인도하신다고 하였나요? 여섯 족속의 이름을 써 보십시오.

답: (23:23) ① ________ ② ________ ③ ________
④ ________ ⑤ ________ ⑥ ________

문15. 하나님께서는 이스라엘 백성들에게 가나안 땅에 들어갔을 때 "가나안 땅에 살던 족속들이 섬기던 신을 숭배하지 말며 섬기지 말며 그들의 소위를 본받지 말고 그들이 섬기던 우상을 다 훼파하며 주상을 타파하고 너희 하나님 여호와를 섬기라 그리하면 여호와가 복을 주리라" 고 하셨습니다. 하나님께서 약속하신 복은 무엇이었나요?

답: (23:25–26) ________________________________
____

문16. 여호와께서 왕벌을 이스라엘 자손보다 앞서 보내셔서 그 왕벌로 하여금 히위 족속과 가나안 족속과 헷 족속을 네 앞에서 쫓아내리라고 하셨습니다. 그러나 일 년 안에는 그들을 쫓아내지 아니하고 네가 번성하여 가나안 땅을 기업으로 얻을 때까지 조금씩 쫓아내리라고 하셨습니다. 그 이유가 무엇인가요?

답: (23:29) ________________________________
____

문17. 여호와 하나님께서 가나안 땅에 거할 이스라엘 자손의 지경을 정하셨습니다. 그 지경은 어디에서 어디까지인가요?

답: (23:31) ______________________________

문18. 하나님께서 가나안 땅에 살던 그 족속들을 가나안 땅에 머무르지 못하게 하여 이스라엘 자손과 함께 살지 못하게 하신 가장 중요한 이유는 무엇이었나요?

답: (23:33) ______________________________

문19. 모세가 여호와의 산으로 갈 때에 아론과 나답과 아비후와 이스라엘 장로 몇 명과 함께 갔나요?

답: (24:1) __________

문20. 모세가 여호와께서 하신 말씀을 다 외웠나요, 기록했나요?

답: (24:4) __________

문21. 모세가 단을 쌓고 열두 지파대로 기둥을 세우고 여러 양푼에 담은 피의 반을 단에 뿌린 후에 무엇을 하였나요?

답: (24:7) ______________________________

문22. 모세가 여러 양푼에 담았던 피의 반을 단에 뿌렸습니다. 그리고 남은 반은 어디에 뿌렸나요?

답: (24:8) ____________________

문23. 피를 뿌린 후 그 뿌린 피를 무엇이라고 했나요?

답: (24:8) ____

문24. 모세와 아론과 나답과 아비후와 이스라엘 장로 칠십 인이 산에 올라가서 이스라엘 하나님을 보니 그 발 아래 모습이 어떠하다고 했나요?

답: (24:10) ____________________________________

문25. 여호와께서 모세에게 이르시되 "너는 산에 올라 내게로 와서 거기 있으라. 너로 그들을 가르치려고 내가 친히 기록한 돌판을 네게 주리라" 고 하셨습니다. 그들에게 가르치려고 하신 것이 무엇인지 둘로 나눠 써 보십시오.

답: (24:12) ① ________ ② ________

문26. 모세가 하나님의 산으로 올라갈 때 누구와 함께 올라갔나요?

답: (24:13) ___________

문27. 모세가 산에 올라갔을 때 여호와의 영광이 시내 산 위에 머무르고 구름으로 산을 가렸는데 며칠 만에 여호와께서 구름 가운데서 모세를 부르셨나요?

답: (24:16) ____________

문28. 시내 산 위의 여호와의 영광이 이스라엘 자손의 눈에 무엇처럼 보였나요?

답: (24:17) ______________________

문29. 모세는 구름 속으로 들어가서 산 위에 올랐으며 얼마 동안 산 위에 있었나요?

답: (24:18) ________________________

• 문답으로 기억되는 성경 13회

출애굽기 25장

문1. 이스라엘 자손이 여호와 하나님께 바치려고 가져온 제물 가운데 어떤 자의 것만 받으라고 하셨나요?

답: (25:2) ______________________

문2. 모세가 백성에게서 받을 예물은 아무것이나 받는 것이 아니고 15가지로 정해진 것이었습니다. 15가지를 다 적어 보십시오.

답: (25:3-7) ______________________

____

____

____

문3. 여호와께서 이스라엘 백성 중에 거하실 성소를 하나님을 위하여 지을 때에 건축자로 설계케 하여 지으라고 하셨습니다. 하나님께서는 설계하신 것을 보여 주셨나요?

답: (25:9) ______________________

문4. 여호와께서 무엇을 보여 주시고, 어떻게 지으라고 하셨나요?

답: (25:9) ______________________________

문5. 하나님께서 보여 주신 식양(① 일정한 모양과 격식 ② 규격 ③ 설계 ④ 본 ⑤ 모형)을 따라 장막을 치고 기구를 만들 때 무슨 나무로 만들라고 하셨나요?

답: (25:10) ____________

문6. 여호와께서는 성막에 둘 기구를 먼저 만들도록 하셨습니다. 성막에 둘 기구란 ① 궤 ② 속죄소 ③ 그룹 ④ 떡상 ⑤ 등대입니다. 그것들을 만들 때 자나 cm(센티미터)가 아닌 규빗으로 측정하고 있습니다. '규빗' 이란 '큐비룸' (팔꿈치)에서 온 말로 팔꿈치에서 손가락 끝까지의 길이입니다. 대략 45cm의 길이입니다. 궤를 짓되 궤의 장과 광과 고를 각각 몇 규빗이 되게 하셨나요?

답: ① 장: ____________________

② 광: ____________________

③ 고: ____________________

문7. 궤의 안과 밖을 정금으로 싸고 윗가로 돌아가며 금테를 두르고 금고리 넷을 부어 만들어 궤의 발에 달되 이편과 저편에 각각 몇 개씩 달라고 하셨나요?

답: (25:12) ______________________________

문8. 조각목(아카시아 나무의 일종)으로 채를 만들고 채(가마나 함 또는 수레의 양옆에 길게 뻗쳐 맨 나무)를 금으로 싸고 그 채를 궤 양편 고리에 꿰어서 궤를 메고 평소에는 그 채를 어디에 두라고 하셨나요?

답: (25:15) ______________________________

문9. 하나님이 만들어 주실 증거판(십계명이 새겨진 돌판)을 어디에 넣어 두라고 하셨나요?

답: (25:16) __________

문10. 정금으로 속죄소(贖罪所)를 만들되 장이 이 규빗 반, 광이 일 규빗 반이 되게 하고 금으로 그룹(사람의 형체 같은 날개 있는 천사) 둘을 만들어 속죄소 위 끝에 한 그룹씩 서게 하여 얼굴을 마주 대하게 하고 그룹의 날개를 높이 펴서 그 날개로 속죄소를 덮게 하라고 하셨습니다. 속죄소란 쉽게 말하면 궤의 뚜껑입니다. 그런데 그 뚜껑 위 끝에 한 그룹씩 서 있게 한 천사 모양의 사람을 만들어 속죄소 위에 올려 놓으라고 하신 것인가요, 아니면 그룹을 만들어서 속죄소와 한 덩이로 붙여 놓으라고 하신 것인가요?

답: (25:19) ______________________________

문11. 여호와께서 이스라엘 자손을 위하여 모든 일을 명하실 때 어디서 만날 것이라고 하셨고, 어디에서 말씀하신다고 하셨나요?

답: (25:22) ① 만나는 장소: ______________

② 명하시는 곳 : ______________________

문12. 조각목으로 상을 만들라고 하시고 그 상도 금으로 싸고 주위에 금테를 두르고 금고리 넷을 만들어 달라고 하셨습니다. 그 상의 장과 광과 고는 각각 몇 규빗이며 금고리 넷은 어디에 달라고 하셨나요?

답: (25:23) ① 상의 장: ______________
② 광: ______________
③ 고: (25:26) 금고리 다는 곳: ________________

문13. 금고리 넷은 무엇을 하는 것인가요?

답: (25:27) __________________________

문14. 상 위에 놓아 둘 물건은 다 정금으로 만들라고 하셨는데, 상 위에 놓아 둘 물건들은 무엇인가요?

답: (25:29) _______________________________

문15. 상 위에 항상 있어야 할 것이 무엇이라고 하셨나요?

답: (25:30) __________

문16. 정금으로 등대를 쳐서 만들되 그 밑판과 줄기, 잔, 꽃받침과 꽃을 한 덩이로 연하게 하고 가지 여섯을 등대 곁에서 나오게 하되 그 세 가지는 이편으로 나오게 하고 세 가지는 저편으로 나오게 하라고 했습니다. 이편과 저편에 나온 가지의 꽃 형상은 무슨 꽃인가요?

답: (25:33) ______________

문17. 등대 곁에서 나온 여섯 가지마다 각각 무엇을 만들라고 하셨나요?

답: (25:33) ① ______ ② ______ ③ ______

문18. 등대 줄기에는 살구꽃 형상의 잔과 꽃받침과 꽃을 몇 개 단들라고 하셨나요?

답: (25:34) ____

문19. 등대 곁에서 나온 여섯 가지를 위하여 꽃받침이 몇 개 있나요?

답: (25:35) ____

문20. 등대에 등잔(기름을 담아 등불을 켜게 된 그릇) 몇 개를 만들어 등대 위에 두어 그 앞을 비추게 하라고 하셨나요?

답: (25:37) ____________

문21. 등대에서 쓸 불집게와 불똥 그릇은 무엇으로 만들라고 하셨나요?

답: (25:39) ________

문22. 등대와 이 모든 기구를 정금 몇 달란트로 만들라고 하셨나요?
(한 달란트는 34.272kg입니다)

답: (25:39) ________________________

출애굽기 26장

문1. 성막 내부에 칠 앙장(휘장) 열 폭을 가늘게 꼰 베실과 청색 자색 홍색실로 공교히(교묘하고 솜씨 있고 아름답게) 수놓아 만들라고 하셨는데 그 휘장에 무엇을 수놓으라고 하셨나요?

답: (26:1) __________

문2. 휘장 열 폭의 길이와 넓이를 각각 같게 하라고 하셨습니다. 길이는 얼마이며, 넓이는 얼마인가요?

답: (26:2) ① 휘장 한 폭의 길이(장): ________
② 휘장 한 폭의 넓이(광): ________

문3. 휘장을 다섯 폭씩 서로 연결하라고 하셨는데 어떻게 연결하타고 하셨나요?

답: (26:4–5) ____

____

문4. 다섯 폭으로 연결된 휘장이 두 개가 되었습니다. 다섯 폭과 다른 다섯 폭을 연결할 때는 무엇을 만들어 연결하라고 하셨나요?

답: (26:6) ____

____

문5. 베실로 꼰 열 폭의 휘장을 덮어 칠 휘장은 염소털로 만들되 몇 폭을 만들라고 하셨나요? 그리고 각 폭의 길이(장)와 넓이(광)는 몇 규빗으로 하라고 하셨나요?

답: (26:7–8) ① 염소털 휘장의 폭: ________

② 염소털 휘장의 장: ________

③ 염소털 휘장의 광: ________

문6. 염소털 휘장을 몇 폭과 몇 폭으로 연결하라고 하셨나요?

답: (26:9) ____________________________________

문7. 여섯 폭째 절반은 어떻게 하라고 하셨나요?

답: (26:9) ____________________________________

문8. 휘장을 연결할 말폭 가에 고 몇 개를 달라고 하셨나요? 고를 꿸 놋 갈고리는 몇 개가 필요한가요?

답: (26:10–11) ________________

문9. 열한 폭으로 된 염소털 휘장은 베실로 짠 열 폭의 휘장보다 한 폭이 큽니다. 그 한 폭을 어떻게 하라고 하셨나요?

답: (26:12-13) ______________________________

____

문10. 염소털로 된 휘장을 어떤 동물의 무슨 색 가죽으로 다시 덮으라고 하셨나요? 그 위에 또 덮으라 하셨는데 그것은 무슨 가죽인가요?

답: (26:14) ① 염소털 휘장 위에 덮는 가죽과 색깔:

____

② 그 위에 덮은 또 다른 가죽:

____

문11. 조각목 널판(판자)으로 벽을 만들어 세워야 했는데 그 널판의 장(길이)과 광(넓이)은 몇 규빗이었나요?

답: (26:16) ① 널판지의 장: ____________________

② 널판지의 광: ____________________

문12. 성막 남쪽에 세울 널판 20개를 만들고 널판을 받치는 받침은 왜 40개를 만들라고 하셨나요?

답: (26:19) ______________________________

문13. 성막 북쪽에 세울 널판도 20개를 만들고 은으로 받침 40개를 만들라고 하셨습니다. 성막 뒤 서쪽을 위해서는 널판 몇 개를 만들고 성막 뒤 두 모퉁이에는 널판 몇 개를 만들라고 하셨나요?

답: (26:22-23) ① 성막 뒤 서쪽에 댈 널판: ________
② 성막 뒤 두 모퉁이에 댈 널판: ________

문14. 성막 뒤 두 모퉁이에 댈 널판은 모퉁이마다 두 겹의 두께로 하라고 하신 이유는 무엇일까요?

답: ____

문15. 두 모퉁이에 댈 널판은 도합 몇 개이며 은 받침은 몇 개인가요?

답: (26: 25) ① 두 모퉁이 널판의 전체 개수: ________
② 은 받침 개수: ________

문16. 조각목으로 만들 띠를 남편에 다섯 개, 북편에 다섯 개, 서편에 다섯 개 도합 15개를 만들라고 하셨습니다. 그리고 성소와 지성소를 구별하는 기둥 네 개를 세워 조각목으로 만든 띠를 금고리를 만들어 끼우라고 하셨습니다. 성막에 세울 널판, 기둥, 띠는 다 조각목으로 만들었는데 그것을 모두 무엇으로 쌌으며 널판이나 기둥의 받침은 무슨 받침이었나요?

답: (26:29-32) ① 싼 것: ____ ② 받침: ____

문17. 성소와 지성소를 구별한 휘장은 무엇으로 짰으며, 그 색깔은 무엇이며, 무엇을 수놓았나요?

답: (26:31) ______________________________

문18. 지성소 휘장 안에 무엇을 들여 놓으라고 했나요?

답: (26:33) __________

문19. 지성소에 있는 증거궤 위에 무엇을 두라고 하셨나요?

답: (26:34) __________

문20. 상은 성소 어느 쪽에 놓았으며, 등대는 어느 쪽에 놓았나요?

답: (26:35) ______________________

문21. 성막으로 들어가는 문도 휘장으로 만들어져 있었는데 그 휘장은 무엇으로 만든 천인가요?

답: (26:36) __________________________________

문22. 그 휘장 문장을 위하여 기둥 다섯을 조각목으로 만들어 금으로 싸고 그 갈고리도 금으로 만들었습니다. 그 휘장문 다섯 기둥 받침은 무엇으로 부어 만들라고 하셨나요?

답: (26:37) ______

• 문답으로 기억되는 성경 15회

출애굽기 27-28장

문1. 조각목으로 단(壇, 제사를 드리기 위하여 만든 것)을 네모반듯하게 만들라고 하셨는데 그 장(길이)과 광(넓이)과 고(높이)가 몇 규빗인가요?

답: (27:1) 장: ____________

광: ____________

고: ____________

문2. 단 네 모퉁이 위에 만든 것이 무엇이며, 단은 무엇으로 싸라고 하였나요?

답: (27:2) ① 단 네 모퉁이에 만든 것: ______

② 단을 싼 것: ______

문3. 재를 담는 통, 부삽, 대야, 고기 갈고리, 불 옮기는 그릇을 만들되 그 그릇들을 다 무엇으로 만들라고 하셨나요?

답: (27:3) ______

문4. 단 네 모퉁이에 놋고리 넷을 만들고 놋그물을 만들어 고리에 끼워야 했습니다.

놋그물이 단 사면 가장자리 아래 단 어디쯤에 오르게 하라고 했나요?

답: (27:5) ______________

문5. 단을 옮길 때 단을 메게 할 채를 조각목으로 만들라고 하셨는데 채는 무엇으로 싸라고 하셨나요?

답: (27:6) _____

문6. 성막의 울타리(뜰) 남쪽 넓이는 백 규빗이고, 북쪽 넓이(광)도 백 규빗으로 하고, 세마포로 포장을 치라고 하셨습니다. 남쪽과 북쪽에 각각 몇 개씩 기둥을 세우라고 하셨나요?

답: (27:9-11) ① 남편 울타리: __________
② 북편 울타리: __________

문7. 그 기둥의 받침은 놋으로 하라고 하셨는데 기둥을 받치는 갈고리와 가름대는 무엇으로 하라고 하셨나요?

답: (27:10) _____

문8. 울타리 서편은 넓이 오십 규빗의 포장을 치고 기둥 열 개를 세우라고 하셨습니다. 울타리 동편도 넓이가 오십 규빗인데 이편에 십오 규빗, 저편에 십오 규빗 포장이 있게 하고 각각 기둥을 세 개씩 세우라고 하셨습니다. 울타리로 들어갈 문의 규빗은 얼마인가요? 또 기둥은 몇 개를 세우라고 하셨나요? 그 문의 포장은 무슨 색이며, 무엇으로 만들라고 하셨나요?

답: (27:14-16) ① 울타리로 들어갈 문의 규빗: ______
② 문의 기둥 개수: ______
③ 울타리 문의 포장 색: ________________
④ 만든 실: ___________________________

문9. 성막 울타리 안에서 쓰는 모든 기구와 말뚝과 뜰의 포장 말뚝을 다 무엇으로 하라고 하셨나요?

답: (27:19) ______

문10. 성전의 등불을 켜기 위한 순결한 기름은 무슨 기름이었나요?

답: (27:20) _________

문11. 회막 안 증거궤 앞 휘장 밖에서 저녁부터 아침까지 항상 여호와 앞에 누구에게 간검(자세히 살펴서 검사하고 정리정돈하는 것)하게 하라고 하셨나요?

답: (27:21) ____________________________

문12. 그것이 이스라엘 자손들이 대대로 행할 영원한 무엇이라고 하셨나요?

답: (27:21) ________

문13. 이스라엘 자손 중에 여호와 하나님을 섬기는 제사장 직분을 행할 사람은 누구였나요? 다섯 사람의 이름을 써 보십시오.

답: (28:1) ① ______ ② ______ ③ ______
④ ________ ⑤ ________

문14. 모세의 형 아론에게 어떤 옷을 지어서 입고 제사장 직분을 행하게 하라고 하였나요?

답: (28:2) ____

문15. 제사장 아론이 입을 옷은 누구에게 만들게 하라고 하셨나요?

답: (28:3) ____

문16. 아론과 그 아들들을 위하여 만들 거룩한 옷은 흉패와 에봇과 겉옷과 반포 속옷과 관과 띠라고 하였습니다. 어떤 실로 에봇을 공교히 짜서 만들라고 하셨나요?

답: (28:6) ____

문17. 에봇에 견대(어깨에 달린 띠) 몇 개를 달아 그 두 끝을 연결케 하라고 하셨나요?

답: (28:7) ______

문18. 에봇 위에 매는 가늘게 꼰 베실을 에봇에 붙여 짜라고 하셨는데 무슨 색의 실로 짜라고 하셨나요? 네 가지 색깔을 말해 보십시오.

답: (28:8) ① ______ ② ______ ③ ______ ④ ______

문19. 호마노(겹겹으로 여러 빛깔의 줄이 진 보석) 두 개를 취하여 그 위에 이스라엘 아들들의 이름을 새기되 그들의 연치대로 여섯 이름을 한 보석에, 또 다른 보석에 여섯 이름을 인에 새김같이 새기고 그 두 보석에 금테를 넣어 물리라고 하셨습니다. '연치대로' 란 어떻게 쓰는 것인가요?

답: ______________________________

문20. 이름을 새긴 호마노 보석을 어디에 붙이라고 하셨나요?

답: (28:12) ________________

문21. 판결 흉패를 에봇 짜는 법으로 4가지 베실로 짜서 만들되 장광이 한 뼘씩 네모 반듯하게 두 겹으로 만들고 거기에 보석을 달되 몇 줄로 달라고 하셨나요?

답: (28:17) ______

문22. 판결 흉패에 네 줄로 붙인 이 보석들은 이스라엘 아들들의 이름대로 열둘인데 이 보석들을 에봇에 붙여 떨어지지 않게 하라고 하셨습니다. 아론이 성소에 들어갈 때는 언제나 이 판결 흉패를 가슴에 붙이고 들어가라고 했는데 그 이유는 무엇이라고 하셨나요?

답: (28:29) ____

문23. 아론이 여호와 앞에서 이스라엘 자손을 판결하는 우림과 둠밈을 어디에 넣으라고 하셨나요?

답: (28:30) ________________

문24. 전부 청색으로 된 에봇 받침 겉옷에 간격하여 금방울을 달고 아론이 성소에 들어가고 나올 때 금방울 소리가 나게 하라고 하셨습니다. 만일 금방울 소리가 나지 않으면 어떤 일이 일어날까요?

답: (28:35) ________________

문25. 아론이 쓰는 관 앞에 글씨를 쓴 패를 청색 끈으로 매라고 하셨습니다. 그 패에 새긴 글자 내용이 무엇이었나요?

답: (28:36) ________________

문26. 이스라엘 자손이 죄 사함을 받기 위하여 거룩한 성물을 여호와께 드릴 때 아론의 머리에 쓴 관에 패가 없다면 여호와께서 제사장 아론이 드린 성물을 어떻게 하시나요?

답: (28:38) ______________________

문27. 아론의 아들들을 위하여 영화롭고 아름답게 속옷과 띠와 관을 만들어 입히고 그들에게 기름을 부어 위임하고 거룩하게 하여 무슨 직분을 여호와께 행하게 하라고 하셨나요?

답: (28:41) ______________

문28. 아론과 그 아들들이 회막에 들어갈 때나 제단에 가까이하여 거룩한 곳에서 여호와를 섬길 때 하체를 드러내면 죄가 되어 죽었습니다. 무엇으로 만들어 어디에서 어디까지 이르게 하여 하체를 가리게 하라고 하셨나요?

답: (28:42) ① 만드는 소재: __________________________

② 가리는 범위: __________________________

출애굽기 29-30장

문1. 하나님께서는 모세에게 "너는 그들에게 나를 섬길 제사장 직분을 위임하여 그들로 거룩하게 할 일이 이러하니 곧 젊은 수소 하나와 흠 없는 수양 둘을 취하고 무교병과 기름 섞인 무교 과자와 기름 바른 무교 전병을 모두 고운 밀가루로 만들고 그것들을 한 광주리에 담고 그것을 광주리에 담은 채 그 송아지와 두 양과 함께 가져오라" 고 하셨습니다. '나를 섬길 제사장 직분을 위임 받을 사람들' 이란 누구입니까? 이름을 써 보십시오.

답: (28:1) ① ______ ② ______ ③ ______
④ __________ ⑤ __________

문2. 하나님께서는 모세에게 "아론과 그 아들들을 데려다가 물로 씻기고 의복을 가져다가 아론에게 속옷과 에봇 받침 겉옷과 에봇을 입히고 흉패를 달고 에봇에 공교히 짠 띠를 띠우고 그 머리에 관을 씌우고 그 위에 성패를 더하고 관유를 가져다가 그 머리에 부어 바르고 그 아들들을 데려다가 그들에게 속옷을 입히고 아론과 그 아들들에게 띠를 띠우며 관을 씌워서 제사장의 직분을 그들에게 맡겨 영원한 규례가 되게 하라 너는 이같이 아론과 그 아들들에게 위임하여 거룩하게 할지니라" 고 말씀하셨습니다. 아론과 그 아들들을 데려다가 물로 씻기라고 하셨는데 물로 씻기는 곳은 어디입니까? 그리고 그 머리에 관을 씌우고 그 위에 성패를 더하라고 하셨는데 관 위에 더하는 성패에는 무슨 글자가 쓰여 있나요?

답: (29:4) ① 물로 씻기는 곳: ____________________

(28:36) ② 성패에 쓰여 있는 글자: ________________

문3. 수송아지를 회막문 앞으로 끌어다가 여호와 앞에서 그 송아지를 잡으라고 하셨습니다. 그 송아지를 잡기 전에 아론과 그 아들들이 송아지에게 어떻게 하였나요?

답: (29:10) ____

문4. 그 송아지를 잡고 그 피를 네 손가락으로 단 뿔에 바르고 그 피 전부를 단 밑에 쏟을지며 내장에 덮인 모든 기름과 간 위에 있는 꺼풀과 두 콩팥과 그 위의 기름을 취하여 단 위에 불사르고 그 수소의 고기와 가죽 똥을 진영 밖에서 불사르라고 하셨습니다. 이것이 죄를 씻는 무슨 제사라고 하셨나요?

답: (29:14) __________

문5. 준비해 둔 두 마리 수양 중에 한 마리를 취하여 아론과 그 아들들은 그 수양의 머리 위에 안수할지며 그 수양을 잡아 피를 받아서 단 주위에 뿌리고 그 수양의 각을 뜨고 내장과 다리는 씻어 각 뜬 고기와 머리와 함께 두고 그 수양의 전부를 단 위에 불사르라고 하였습니다. 이는 여호와께 드리는 무슨 제사라고 하였나요?

답: (29:18) ________

문6. 남아 있는 다른 수양 한 마리를 끌어다가 잡고 피를 받아서 아론과 아론의 아들들의 몸 어디에 바르고 그 피를 단 주위에 뿌리라고 하였나요?

답: (29:20) ① ____________ ② ____________

③ ____________

문7. 단 위의 피와 관유를 가져다가 아론과 그 아들들의 옷에 뿌리라고 하셨습니다. 그러면 아론과 그 아들들의 옷이 어떻게 된다고 하셨나요?

답: (29:21) ____________

문8. 제사장 위임식의 수양을 가져다가 여호와 앞에서 흔들어 바치게 하시고 그 흔들어 바친 요제물은 누구의 몫이라고 하였나요?

답: (29:26) ____________________

문9. 제사장 위임식 때 흔들어 바친 수양의 가슴과 넓적다리를 거룩히 구별하라고 하셨습니다. 이스라엘 백성이 여호와께 화목제물로 바친 요제물 중에 수양의 가슴과 넓적다리는 항상 누구에게 돌릴 분깃이라고 하였나요?

답: (29:27-28) ______________

문10. 아론의 제사장 옷은 그의 자손들에게 대대로 물려주어 위임식 때 그들이 그 옷을 입고 기름부음을 받게 할 것이며 아론을 이어 대제사장이 되는 아들은 회막에 들어가 성소에서 섬길 때 며칠 동안 이 거룩한 옷을 입으라고 하셨나요?

답: (29:30) ____________

문11. 위임식 때 사용된 수양의 고기를 가져다가 거룩한 곳에서 그 고기를 삶아 광주리의 떡과 함께 아론과 그의 아들들이 먹게 하라고 하셨습니다. 그것을 어디에서 먹으라고 하셨나요?

답: (29:32) ____________________

문12. 이 속죄제의 제물은 거룩한 것이므로 아론과 그 아들들만 먹을 수 있고 다른 사람은 먹을 수 없었습니다. 만일 이 속죄제의 제물인 고기나 떡이 남았을 경우 언제까지 어떻게 처리하라고 하셨나요?

답: (29:34) ______________________________________

문13. 아론과 그 아들들의 위임식은 며칠 동안 행하라고 하셨나요?

답: (29:35) ____________

문14. 매일 정규적으로 단에 바칠 제물은 일 년 된 어린양 두 마리입니다. 이 두 마리를 언제 바치라고 하였나요?

답: (29:39) __________________________

문15. 어린양을 무엇과 함께 바치라고 하셨나요?

답: (29:40) ① _________________________

② ___________________________

③ ___________________________

문16. 여호와 하나님께서 이스라엘 백성들을 애굽 땅에서 인도해 낸 이유가 무엇이라고 하셨나요?

답: (29:46) ____

문17. 하나님께서는 모세에게 "너는 분향단을 만들지니 조각목(아카시아 나무)으로 만들되 장과 광이 각 일 규빗(45cm)으로 네모 반듯하게 하고 높이가 이 규빗(90cm)으로 하며 단 네 모퉁이에는 뿔이 나오도록 만들라. 그 뿔을 순금으로 싸고 단 윗부분에 금테를 두르고 금테 아래 양편에 금 고리 둘을 만들어 채를 꿰어라" 고 말씀하셨습니다. 그리고 그 채는 조각목으로 만들고 금으로 싸고 그 단을 가져다가 어디에 놓으라고 하셨나요?

답: (30:6) ____

문18. 분향단에 향기로운 향을 언제 사르라고 하셨나요?

답: (30:7-8) ____

문19. 이스라엘 백성들의 인구를 조사할 때 각자 자기 생명의 속전(값)을 여호와께 드리면 재앙이 미치지 않을 것이라고 하셨습니다. 계수되는 자의 나이는 몇 세 이상인가요? 또 얼마를 바치라고 하셨나요?

답: (30:13-14) ①________________ ② ______________

문20. 인구 조사 때 생명의 값(속전)으로 받은 돈은 어디에 쓰라고 하셨나요?

답: (30:16) ______________

문21. 놋으로 물두멍(물통)을 만들고 그 물통 받침도 놋으로 만들어 아론과 그의 아들들이 회막에 들어갈 때나 단에 제물을 바쳐 태우기 전에 물통에 채워진 물로 반드시 손발을 씻어야 한다고 하셨습니다. 그 물두멍은 어디에 놓으라고 하셨습니까? 만일 손발을 씻지 않고 행하면 어떻게 된다고 하셨나요?

답: (30:18, 20) ① 물두멍을 놓을 장소: ______________
② 손발을 씻지 않으면? : ____________

문22. 하나님께서는 거룩한 관유를 만들어 그 기름으로 성막 법궤 상과 모든 기구와 등대와 그 모든 기구 향단, 번제단과 그 모든 기구, 놋으로 만든 물두멍과 그 받침에 발라 그 모든 기구들을 거룩히 하고 그 기름을 아론과 그의 아들들에게 발라 거룩하게 하여 나를 섬기게 하라고 하셨습니다. 그 기름은 무엇을 섞어 만들라고 하셨나요?

답: (30:23-25) ____________________________________

____

문23. 이 거룩한 관유는 제사장이 아닌 다른 사람에게 부어서는 안 되며 이 같은 방법으로 이 같은 기름을 만들어서도 안 된다고 하셨습니다. 만일 이 거룩한 관유를 만드는 자나 제사장 아닌 사람에게 붓는 자는 어떻게 된다고 하셨나요?

답: (30:33) ________________

문24. 여호와께서 모세에게 "너는 소합향(몰약), 나감향(조개 가루), 풍자향(고목나무 모양의 수지)의 향품(순수한 유향)을 똑같은 중량으로 섞어 향을 만들고 거기에 소금을 쳐서 성결케 하고 그 향 얼마를 곱게 찧어" 그것을 어디에 두라고 하셨나요?

답: (30:36) ___________________________

문25. 그 방법대로 향을 만들어 향내를 맡으려고 하지 말라고 하셨습니다. 만일 이 같은 것을 만드는 자는 어떻게 된다고 하셨나요?

답: (30:38) ____________

• 문답으로 기억되는 성경 17회

출애굽기 31-32장

문1. 하나님의 신을 충만하게 하여 지혜와 총명과 지식과 여러 가지 재주로 공교한 일을 연구하여 금과 은과 놋으로 만들며 보석을 깎아 여러 가지 일을 하도록 지명하여 택함 받은 사람은 어느 지파의 누구였나요?

답: (31:2) ________________________________

문2. 하나님께서 지혜를 주어 모세에게 명한 것을 다 만들도록 한 사람은 어느 지파의 누구였나요?

답: (31:6) ________________________________

문3. 여호와 하나님께서 이스라엘 백성들에게 안식일을 지키라고 명하셨습니다. 안식일은 이스라엘 백성에게 무슨 날이라고 하였나요?

답: (31:14) ____________

문4. 안식일을 더럽히거나 그날에 일하는 자는 어떻게 하라고 하셨나요?

답: (31:14) ___________

문5. 이스라엘 자손이 안식일을 지켜 그것으로 대대로 영원한 언약을 삼을 것이니 이는 여호와 하나님과 이스라엘 자손 사이에 무엇이 된다고 하셨나요?

답: (31:17) _____________

문6. 여호와께서 시내산 위에서 모세에게 하신 모든 말씀을 마치시고 무엇을 주셨나요?

답: (31:18) _______________

문7. 십계명이 기록된 두 돌판은 누가 무엇으로 쓴 것인가요?

답: (31:18) _________________________________

문8. 백성들은 모세가 산에서 오랫동안 내려오지 않는 것을 보고 아론에게 몰려가서 무엇이라고 하였나요?

답: (32:1) ____

문9. 아론이 그들에게 말하기를 "너희 아내와 자녀의 귀의 금고리를 빼어 내게로 가져오라" 하여 그들이 그것을 가져오니 아론이 그것으로 무엇을 만들었나요? 이스라엘 백성들은 그것을 보고 무엇이라고 하였나요?

답: (32:4) ① 만든 것: ______________________

② 이스라엘 백성들이 한 말: ________________

____

문10. 금송아지를 보고 이스라엘 자손들이 "이것이 애굽에서 우리를 인도해 낸 신"이라고 하는 것을 보고 아론이 금송아지 앞에 단을 쌓고 무엇이라고 선포하였나요?

답: (32:5) ______________________

문11. 이튿날 이스라엘 백성들이 일찍이 일어나 금송아지 앞에 쌓아 놓은 단에다가 무슨 제사를 드리며 무슨 행동을 하였나요?

답: (32:6) ______________________

____

문12. 여호와께서 모세에게 말씀하시기를 "너는 내려가라 네가 애굽 땅에서 인도하여 낸 네 백성이 부패하였도다" 하시며 그들이 한 행동을 말씀하셨습니다. 무엇이라고 말씀하셨나요? 그리고 여호와께서 그들을 보며 어떤 백성이라고 하셨나요?

답: (32:8-9) ① 이스라엘 백성들의 행동: ______________

____

____

② 이스라엘 백성들에 대한 평가:

____

문13. 여호와께서 이스라엘 백성에게 진노하여 그들 모두를 진멸하고 모세를 통해서 큰 나라를 세우겠다고 하셨을 때 모세가 여호와께 무엇을 간구하여 뜻을 돌이키사 말씀하신 화를 그들에게 내리지 아니하셨나요?

답: (32:11-13) ______________________________

____

____

____

문14. 모세가 산에서 내려올 때 하나님이 직접 만들어 쓰신 두 돌판을 가지고 내려왔습니다. 두 돌판 어디에 글자를 쓰셨나요?

답: (32:15) ______________________________

문15. 여호수아가 모세와 함께 산에서 내려오다가 백성들이 떠들어 대는 소리를 듣고 모세에게 "진중에서 싸우는 소리가 들립니다" 라고 하였습니다. 그때 모세가 무엇이라고 대답했나요?

답: (32:18) ______________________________

____

문16. 모세가 진(야영지)에 가까이 이르러 금송아지와 춤추는 사람들을 보고 대노하여 어떻게 했나요?

답: (32:19) ____

문17. 모세가 그들이 만든 금송아지를 가져 불살라 부수어 가루를 만들고 물에 타서 그 물을 어떻게 하였나요?

답: (32:20) _________________

문18. 모세가 아론을 질책하면서 "이 백성들이 네게 어떻게 하였기에 네가 그들로 이같이 엄청난 죄악의 길로 인도하였는가?" 라고 하자 그때 아론이 모세에게 무엇이라고 불렀나요?

답: (32:22) __________

문19. 모세가 본즉 백성이 방자하니 이는 아론이 그들로 방자하게 하여 원수에게 조롱거리가 되게 하였으므로 진문에 서서 "누구든지 여호와 편에 설 사람은 내게로 나아오라" 고 하였습니다. 그때 모세에게로 나온 자들은 누구였나요?

답: (32:26) __________

문20. 모세가 레위 자손들에게 "너희는 각각 허리에 칼을 차고 진 이 문에서 저 문까지 왕래하며 그 형제, 친구, 이웃을 죽이라" 고 하면서 여호와의 명령을 전달했습니다. 그러자 그들이 모세의 말대로 행하였습니다. 그때 죽임을 당한 자가 몇 명가량 되었나요?

답: (32:28) __________

문21. 다음 날 모세가 여호와께 백성들의 죄를 고하고 "그들의 죄를 사해 주옵소서. 만일 백성들의 죄를 사해 주시지 않으시려거든 주의 기록하신 책에서 내 이름을 지워 버려 주옵소서" 라고 하였습니다. 그때 하나님께서 모세에게 무슨 말씀으로 대답해 주셨나요?

답: (32:33-34) ____

____

____

____

문22. 모세의 간구로 이스라엘 백성들의 죄는 용서받았나요, 용서받지 못했나요? 근거가 되는 내용을 써 보십시오.

답: (32:34-35) ____

____

출애굽기 33-34장

문1. 여호와께서 아브라함과 이삭과 야곱과 그 후손에게 주시겠다고 약속한 땅 이름은 무엇인가요?

답: ___________

문2. 여호와께서 한 천사를 이스라엘 백성보다 앞서 보내어 그 땅에 살고 있는 여섯 족속을 쫓아내고 기름지고 비옥한 땅에 이르게 하겠다고 하셨습니다. 그 여섯 족속의 이름은 무엇인가요?

답: (33:2) ______________________________

____

문3. 여호와께서는 이스라엘 백성과 함께 가나안 땅에 올라가지 않겠다고 하셨습니다. 그 이유가 무엇인가요?

답: (33:3) ______________________________

____

문4. 백성들이 여호와 하나님의 황송한(두려운) 말씀을 듣고 어떻게 하였나요?

답: (33:4) ______________________________

문5. 하나님께서 "너희는 목이 곧은 백성인즉 내가 순식간이라도 너희 중에 행하면 너희를 진멸하리니 너희는 단장품을 제하라" 고 하셨습니다. 그 말씀을 들은 이스라엘 백성들은 어떻게 하였나요?

답: (33:6) ______________________________

문6. 이스라엘 백성들에게 단장품이란 무엇인가요? 오늘날 예수 믿는 우리에게는 무엇이 단장품이 되는 것일까요?

답: ① ______________________________

② ______________________________

문7. 모세는 야영지에서 약간 떨어진 곳에 천막을 치고 그것을 회막이라고 부르곤 했습니다. 모세가 회막으로 나아갈 때마다 백성들은 어떤 태도를 취했나요?

답: (33:8) ______________________________

문8. 모세가 회막에 들어갈 때 무슨 일이 일어났나요?

답: (33:9) ______________________________

문9. 모세가 회막문에서 여호와 하나님과 대면하여 말씀을 나눌 때에 여호와께서는 모세에게 어떻게 대해 주셨나요?

답: (33:11) ______________________________

문10. 모세가 야영지인 진으로 돌아오면 모세를 수종하던 여호수아는 어떻게 하였나요?

답: (33:11) ______________________________

문11. 모세가 여호와께 말씀하기를 "주께서 이 백성을 인도하여 올라가라 하시면서 나는 이름으로도 너를 알고 너는 내 앞에 은총을 입었다고 말씀하셨는데 정말 그러시다면 나에게 주의 길을 보이사 내게 주를 알리시고 은총을 입게 하시며 이 백성을 주의 백성으로 여기소서"라고 했습니다. 그러자 여호와께서 뭐라고 하셨나요?

답: (33:14) ______________________________

문12. 모세가 "주께서 우리와 함께하셔야만 나와 주의 백성이 세상의 다른 민족과 구별됩니다"라고 하자, 여호와께서 모세에게 이르시되 "내가 너를 잘 알고 있으니 네 요구도 내가 다 들어주겠다"라고 하셨습니다. 그때 모세가 "원컨대 주의 영광을 내게 보이소서"라고 하였습니다. 그때 여호와께서 모세에게 뭐라고 대답하셨나요?

답: (33:19) ______________________________

____

____

문13. 여호와께서 말씀하시기를 네가 내 얼굴은 보지 못하리라고 하셨습니다. 여호와의 얼굴을 볼 수 없는 이유가 무엇이라고 하셨나요?

답: (33:20) ____

문14. 여호와께서 가라사대 "보라 내 곁에 한 곳이 있으니 너는 그 반석 위에 서 있으라. 내 영광이 지날 때에 내가 너를 반석 틈에 두고 내가 지나도록 내 손으로 너를 덮었다가 손을 거두리니 네가 내 얼굴을 보지 못하리라" 고 하셨습니다. 모세가 여호와의 얼굴은 보지 못했으나 무엇을 볼 수 있었나요?

답: (33:23) ____________________

문15. 여호와께서 "내 곁에 한 곳이 있으니 너는 그 반석 위에 서 있으라" 고 하셨습니다. 모세에게 말씀하신 그 반석이 오늘날 우리에게는 무엇인가요? 아래의 말씀을 찾아 써 보십시오.

답: ① (고전 10:4) __________ ② (마 16:18) ________

③ (롬 9:33) ________

문16. 여호와께서 모세에게 "너는 두 돌판을 처음 것과 같이 깎아 만들라. 네가 깨뜨린 그 처음 판에 있던 말을 내가 다시 기록하겠다" 라고 하셨습니다. 처음에 만든 두 돌판은 누가 깎아 만든 것인가요?

답: ____________________

문17. 모세가 두 돌판을 처음 것과 같이 깎아 만들어 여호와께서 명령하신 대로 다음 날 아침 일찍 두 돌판을 가지고 시내 산으로 올라갔습니다. 그러자 여호와께서 구름 가운데 내려와 모세와 함께 거기 서서 자기 이름이 여호와임을 선포하셨습니다. 그때 선포하신 내용이 무엇인가요?

답: (34:6-8) ____________________

____

____

____

문18. 너는 스스로 삼가 네가 들어가는 가나안 땅의 거민과 언약을 세우지 말라고 하셨습니다. 그 이유를 무엇이라고 하셨나요?

답: (34:12) ____________________

문19. "너는 다른 신에게 절하지 말라" 고 말씀하시고 그 이유를 말씀해 주셨습니다. 그 이유가 무엇입니까?

답: (34:14) ____________________

문20. 너희는 가나안 땅에 사는 사람과 그 어떤 조약도 맺지 말라고 하시고 그들과 조약을 맺어서는 안 되는 이유를 말씀해 주셨습니다. 그 이유를 두 가지로 나누어 써 보십시오.

답: ① (34:15) ______________________________

② (34:16) ______________________________

____

문21. "너는 신상들을 부어 만들지 말지니라 너는 무교절을 지키되 내가 네게 명한 대로 아빕월 그 기한에 칠 일 동안 무교병을 먹으라 이는 네가 아빕월에 애굽에서 나왔음이니라" 고 말씀하셨습니다. 아빕월이란 유월절이 들어 있는 달입니다. 유대력으로 몇 월인가요? 또 오늘날로 하면 몇 월쯤일까요?

답: ① 유대력 : ______________

② 오늘날(태양력): (힌트– 진달래가 피기 시작할 때)

______

문22. 칠칠절은 보리를 처음 추수하여 하나님께 드리는 절기의 하나인데 신약 사도행전에는 오순절이라고도 하였습니다. 이 절기를 다른 말로 무슨 절기라고 하였나요?

답: (34:22) ________________

문23. 수장절을 지키라고 하셨습니다. 수장절은 초막절이라고도 하는데 이것은 일 년 중 언제쯤인가요?

답: (34:22) ________

문24. 이스라엘 백성들 중 모든 남자들은 해마다 몇 번씩 주 여호와께 경배하러 와

야 한다고 하셨나요?

답: (34:24) ________

문25. 너희는 너희가 추수한 첫 열매 중 가장 좋은 것으로 골라 어디로 가져오라고 하셨나요?

답: (34:26) ________________________

문26. 여호와께서 시내 산에서 언약의 말씀 곧 십계명을 두 돌판에 기록할 때 모세가 밤낮 40일 동안 그곳에 있었습니다. 모세는 40일 동안 거기 있으면서 무엇을 먹었나요?

답: (34:28) ________________________

문27. 모세가 그 십계명을 쓴 두 돌판을 가지고 산에서 내려올 때에 무엇을 깨닫지 못하였나요?

답: (34:29) ____________________

문28. 모세가 하나님께서 시내 산에서 말씀하신 모든 말씀을 백성에게 전하고 난 후 무엇을 하였나요?

답: (34:33) ________________________

문29. 모세가 여호와께 들어가서 여호와께 말할 때에는 얼굴에 쓴 수건을 어떻게 했나요?

답: (34:34) ______________________________

• 문답으로 기억되는 성경 19회

출애굽기 35-36장

문1. 모세가 이스라엘의 온 회중을 모으고 여호와께서 그들에게 명하신 안식일의 규정을 선포했습니다. "너희는 6일 동안만 일하라. 7일째 되는 날은 너희에게 거룩한 날이며 나 여호와에게 특별한 안식일이다" 라고 하면서 무릇 이날에 일하는 자는 어떻게 하라고 하셨나요? 또 모든 처소에서 무엇도 하지 말라고 하셨나요?

답: ① (35:2) __________

② (35:3) ____________________

문2. 여호와께 바치기를 원하는 자는 누구든지 예물을 가져오라고 했습니다. 여호와께 드릴 예물은 금과 은, 놋, 청색, 자색, 홍색실과 가는 베실, 염소털, 붉게 물들인 수양의 가죽, 해달의 가죽, 조각목, 등유, 예식용 기름을 만드는 데 쓰이는 향품, 분향할 향을 만드는 데 쓰이는 향품, 호마노, 에봇과 흉패에 달 보석들이라고 하였습니다. 이것들은 다 무엇을 만들 때 쓰려고 가져오라고 한 것인가요? 간략하게 답을 써 보십시오.

답: (35:10-19) ____

____

____

____

____

____

문3. 모세를 통해서 여호와의 명을 받은 이스라엘 백성들이 성막과 그 기구와 거룩한 옷을 만드는 데 필요한 갖가지 예물을 가져와 여호와께 드렸습니다. 그들이 이 예물을 드릴 때 어떤 마음으로 드렸나요? 두 가지 마음을 써 보십시오.

답: (35:29) ① ________________ ② ______________

문4. 하나님의 신을 충만케 하여 지혜와 총명과 지식으로 여러 가지 일을 하게 하시더니 공교한 일을 연구하여 금과 은과 놋으로 일하게 하시며 보석을 깎아 물리며 나무를 새기는 일을 하도록 지명된 사람이 있었습니다. 그 사람은 어느 지파 누구의 손자이며, 누구의 아들이며, 이름은 무엇인가요?

답: (35:30) ______________________________________

문5. 다른 사람에게 기술을 가르치는 능력을 주셨으며 그들에게 조각하고 도안하며 청색, 자색, 홍색실과 가는 베실로 짜고 수놓는 여러 가지 재능을 주셔서 정교한 일을 연구하도록 감동 받은 사람이 있었습니다. 그 사람은 어느 지파 누구의 아들이며, 이름은 무엇인가요?

답: (35:34) ____

문6. 모세가 브살렐과 오홀리압과 성막을 짓는 일에 필요한 재능과 지혜를 여호와께 받은 모든 기능공들을 불러 모아 백성들이 바친 모든 예물을 그들에게 주어 성막을 짓는 공사를 시작하도록 했습니다. 그러나 백성들은 아침마다 계속 예물을 가져와 바쳤습니다. 이제는 가져온 물건이 너무 많아 명하신 일에 쓰기에 남음이 있다고 모세에게 알렸습니다. 그때 모세는 백성들에게 무슨 명령을 내렸나요?

답: (36:6) ______________________________

____

문7. 여호와께 지혜를 받은 사람들이 성막을 만들었습니다. 열 폭의 천에 정교하게 천사들을 수놓았습니다. 열 폭의 길이는 똑같았는데 그 폭의 길이와 넓이의 규빗을 미터나 센티미터로 환산해서 써 보십시오(1규빗은 45cm입니다).

답: (36:9) ① 성소 휘장의 길이: ______________________

② 넓이 : ______________________

문8. 열 폭의 휘장을 다섯 폭씩 서로 연결하여 두 개의 큰 폭을 만들었습니다. 그 두 개를 하나로 연결시키기 위하여 폭 한쪽 가에 각각 50개의 청색 고를 달고 그 청색 고에 꿸 금갈고리를 만들라고 하였습니다. 금 갈고리는 몇 개를 만들라고 하셨나요?

답: (36:13) ________

문9. 성막 열 폭의 휘장을 덮어씌울 염소털로 짠 휘장을 만들었는데 그것의 길이와 넓이를 똑같게 하라고 하셨습니다. 그 길이와 넓이를 미터로 환산해서 써 보십시오. 그리고 염소털 휘장은 몇 폭이었나요?

답: (36:15–16) ① 길이: ______________________

② 넓이: ______________________

③ 염소털 휘장의 폭: ______________________

문10. 조각목으로 성막에 세울 널판지를 만들었습니다. 널판지 크기는 길이 10규빗(4.5m), 넓이 1규빗 반(68cm)이고, 널판지는 오늘날 루바를 끼워서 연결하듯이 그렇게 만들었습니다. 성막 남쪽 벽을 위하여 20개, 성막 북쪽을 위하여 20개, 그리고 성막 뒤인 서쪽을 위해서 6개를 만들었는데 성막 뒤 모퉁이를 위해서는 널판지 둘을 겹쳐서 세우라고 하셨습니다. 그러면 서쪽 성막을 위한 널판지는 모두 8개입니다. 모든 널판지 하나에 은받침을 두 개씩 받치도록 하셨습니다. 그러면 남쪽, 북쪽, 서쪽에 널판지에 받칠 은받침은 모두 몇 개를 만들어야 했나요?

답: ______

문11. 동, 서, 남, 북 4개의 방향 중 성소의 출입구는 어느 방향인가요? 또 출입구를 세울 기둥은 몇 개인가요?

답: ① 방향: ______ ② 기둥의 개수: ______

출애굽기 37–38장

문1. 브살렐이 조각목(아카시아 나무)으로 법궤를 만들었습니다. 정금으로 안팎을 싸고 윗가로 돌아가며 금테를 만들었으며 금고리 넷을 부어 만들어 네 발에 달고 이쪽과 저쪽에 고리를 두 개씩 만들어 운반채를 그 고리에 꿰어 운반할 수 있도록 하였습니다. 법궤의 장과 광, 고는 얼마였나요?

답: (37:2) ① 장(길이): ________ ② 광(넓이): ________
③ 고(높이): ________

문2. 순금으로 법궤 뚜껑인 속죄소를 만들었는데 순금으로 두 그룹 천사를 만들어서 뚜껑 양쪽 끝에 각각 하나씩 세워 뚜껑과 한 덩어리가 되게 하였습니다. 그 두 그룹 천사들은 날개를 위로 높이 펴서 속죄소를 덮고 그 얼굴은 속죄소를 향하여 서로 마주보게 하였습니다. 그 속죄소 뚜껑의 장(길이)과 광(넓이)은 얼마였나요?

답: (37:6) ① 장 : ________ ② 광: ________

문3. 브살렐이 조각목으로 떡을 올려 놓을 상을 만들었는데 장이 2규빗(90cm), 광이 1규빗(45cm), 고가 1규빗반(68cm)이었습니다. 그 상을 순금으로 싸고 윗가를 돌아가며 금테를 두르고 그 사면에 손바닥 넓이만 한 턱을 만들고 그 턱 주위를 금으로 테를 만들었습니다. 그리고 네 모퉁이 턱 곁에 금고리 넷을 달아 운반채를 꿰게 하였습니다. 그

떡상 위에 올려 놓을 기구도 모두 순금으로 만들었는데 그 기구 네 가지를 써 보십시오.

답: (37:16) ______________________________

문4. 브살렐이 순금으로 등대를 만들었는데 밑판과 줄기와 잔과 꽃받침과 꽃이 다 한덩이가 되게 만들었습니다. 그리고 여섯 가지가 양쪽으로 세 개씩 뻗어 나오게 하고 각 가지마다 세 개의 살구꽃 모양을 장식하였습니다. 등대 줄기에는 몇 개의 살구꽃 모양을 장식하였나요?

답: (37:20) ________

문5. 등잔 일곱과 불집게와 불똥 그릇도 정금으로 만들었는데 등대와 그 등대에 속한 모든 기구는 순금 몇 달란트로 만들었나요? (한 달란트는 순금 34.300kg입니다)

답: (37:24) ______________________________

문6. 브살렐은 장이 1규빗(45cm), 광이 1규빗, 고가 2규빗(90cm) 되는 네모반듯한 단을 만들었습니다. 그 단 역시 순금으로 다 싸고 양편 금고리를 둘씩 만들어 운반 채를 꿰도록 하였는데 그 단은 무엇을 하는 단이었나요? 그리고 그 단을 어디에 놓으라고 하였나요?

답: (37:25) ① 단의 용도: ____________

(30:6) ② 단을 놓을 곳: ________________________

문7. 조각목으로 제물을 태워 바칠 제단을 만들어 놓았는데 장이 5규빗(2m 30cm), 광이 5규빗, 고가 3규빗(1m 40cm)으로 네모 반듯하였습니다. 단 중간쯤 놋 그물을 만들어 재가 빠지게 하였고, 단 네 모퉁이에 뿔이 나오도록 하고 그 모퉁이에 운반 채를 꿸 고리 네 개를 만들었습니다. 단에 쓸 기구가 있었는데 기구도 다 놋으로 만들었습니다. 그 기구는 어떤 것들이었나요? 다섯 가지를 다 써 보십시오.

답: (38:3) ① ________ ② ________ ③ ________
④ ______________ ⑤ ________________

문8. 울타리를 쳐서 성막의 뜰을 만들었는데 남쪽 울타리에 칠 세마포 포장이 100규빗(45m)이며 20개의 기둥을 세웠고 그 기둥 놋 받침이 20개였습니다. 북쪽도 남쪽과 같았습니다. 기둥의 갈고리와 가름대는 다 은이었습니다. 서편의 포장은 50규빗이고 기둥은 10개였습니다. 동편에도 50규빗이었는데 양쪽으로 15규빗씩 포장을 치고 20규빗은 문이었습니다. 출입구 양쪽을 위하여 기둥을 각각 세 개씩 세웠습니다. 그러면 20규빗에 세울 기둥은 몇 개인가요?

답: (38:19) ________

문9. 출입구에 친 포장막은 무슨 색실로 짠 천이었나요?

답: (38:18) ________________________________

문10. 울타리에 친 포장의 높이는 몇 규빗이고, 포장의 천은 무엇이었나요?

답: (38:18) ① 포장의 고(높이): ________

(38:16) ② 울타리에 친 포장의 천: _________

문11. 성막을 짓고 그 모든 기구를 만드는 데 사용된 금은 29달란트와 730세겔(약 1톤)이었습니다. 성막을 세우는 데 쓴 재료의 품목을 계산한 사람은 모세의 명령을 받은 제사장 아론의 아들이었는데 그 사람의 이름은 무엇인가요?

답: (38:21) _________

출애굽기 39–40장

문1. 에봇은 대제사장이 흉패 밑에 입는 앞치마 같은 것이었는데 에봇을 짜서 만든 실 다섯 가지를 써 보십시오.

답: (39:2) ① ________ ② ________ ③ ________
④ ________ ⑤ ________________

문2. 흉패란 대제사장의 가슴에 달았던 것으로 금실과 청색 자색 홍색실과 가늘게 꼰 베실로 정교하게 짜서 만들었습니다. 그리고 표면에 이스라엘 12지파의 이름을 새긴 보석이 끼어 있었습니다. 흉패의 크기는 장과 광이 얼마였나요?

답: (39:9) ______________________________________

문3. 에봇 속에 받쳐 입는 겉옷을 전부 무슨 색실로 짜서 만들라고 하셨나요?
답: (39:22) ________

문4. 에봇 옷에 받쳐 입는 겉옷 가장자리에 석류를 수놓고 정금으로 방울을 만들어 그 옷 가장자리로 돌아가며 달되 석류와 금방울을 어떤 간격으로 달라고 하였나요?

답: (39:25) ____

문5. 정금으로 거룩한 패를 만들고 인을 새김같이 그 위에 '여호와께 성결' 이라고 새기고 그 패를 청색 끈으로 제사장의 머리에 쓰는 관에 달았습니다. 관 어디에 달았나요?

답: (39:31) _______

문6. 이스라엘 자손이 이렇게 해서 성막 곧 회막의 모든 역사를 준공하여 여호와께서 모세에게 명하신 대로 하였습니다. 모세가 그 모든 것을 점검해 보니 여호와께서 명하신 그대로 만들어진 것을 보고 모세는 무엇을 하였나요?

답: (39:43) ______________________

문7. 여호와께서 모세에게 성막을 세우라고 말씀하셨습니다. "성막 안에 법궤를 들여 놓고 휘장을 쳐서 그 궤를 가려라. 상을 들여 놓고 그 위에 얹을 것을 차려 놓고 등대를 들여 놓아 불을 켜고 향단을 법궤 앞에 놓고 성막 출입구 휘장을 달아라" 고 하셨습니다. 모세는 여호와께서 자기에게 명하신 대로 다 하였는데 그때가 그들이 애굽을 떠나온 지 몇 년째 되는 며칠이었나요?

답: (40:17) _____________________________

문8. 모세가 성막을 세울 때 제일 먼저 무엇을 하였나요? 맨 처음 한 일부터 차례대로 써 보십시오.

답: (40:18-19) ① ______________ ② ______________

③ ______________ ④ ______________

⑤ ______________ ⑥ ______________

문9. 십계명이 기록된 두 돌판을 궤 속에 넣고 운반 채를 궤의 고리에 꿰고 그 궤의 뚜껑인 속죄소를 궤 위에 얹었습니다. 그리고 궤를 성막 안에 들여 놓았습니다. 그 다음으로는 무엇을 하였나요?

답: (40:21) ____

문10. 법궤를 들여 놓은 휘장 밖을 성소라 하는데 성소에 상을 놓고 떡을 진설한 곳은 어느 방향인가요?

답: (40:22) ____________

문11. 등대는 떡 상과 마주 대하였는데 어느 쪽인가요?

답: (40:24) ____________

문12. 금 향단을 어디에 두고 향을 피웠나요?

답: (40:26) __________________________

문13. 제물을 태워 바칠 번제단은 어디에 두었나요?

답: (40:29) ____________________

문14. 모세와 아론과 그의 아들들이 성소에 들어갈 때나 번제단에 가까이 갈 때 손과 발을 씻었는데 그 물두멍은 어디에 놓았나요?

답: (40:30) ________________________

문15. 모세가 성막과 번제단 주위에 세마포 휘장을 쳐서 뜰을 만들고 뜰의 출입구 막을 달아 모든 일을 마쳤을 때 무슨 일이 일어났나요?

답: (40:34) ____

문16. 모세는 성막에 들어갈 수가 없었습니다. 무엇 때문에 모세가 성막에 들어갈 수 없었나요?

답: (40:35) ____

문17. 낮에는 여호와의 구름이 성막 위에 있고, 밤에는 불이 그 구름 가운데 있음을 이스라엘 온 족속이 다 보았습니다. 구름이 성막 위에 떠오를 때마다 이스라엘 백성은 무엇을 하였으며, 구름이 떠오르지 않을 때는 어떻게 하였나요?

답: (40:36) ① 구름이 떠오를 때: ______________________________________

② 구름이 떠오르지 않을 때: ________________________________

“ 문답으로 기억되는 성경 ”

– 출애굽기 –

답안

1회 문제 답안 출애굽기(1-2장)

1. ① 국고성 비돔 건축, 라암셋 건축
   ② 흙 이기기와 벽돌 굽기, 농사
2. 하나님을 두려워하여
3. 그들의 집을 왕성케 하심.
4. 남자는 하수에 던지고, 여자면 살리라고 하였음.
5. 바로의 딸 공주, 목욕하려고
6. 아이의 어미 요게벳
7. ① 8세 ② 모세 ③ 물에서 건져내었음.
8. 애굽 사람이 히브리 사람 곧 자기 형제를 치는 것을 보았기 때문에.
9. ① 전날 애굽인에게 맞던 히브리인
   ② "누가 너로 우리의 주재와 법관을 삼았느냐 네가 애굽 사람을 죽임같이 나도 죽이려느냐?"
10. 바로의 낯을 피하여 미디안 땅으로 감.
11. ① 일곱 딸을 도와 양무리에게 물을 먹이고 물을 길어 구유에 채움.
    ② 르우엘
12. ① 십보라 ② 게르솜, 내가 타국에서 객이 되었음이라.
13. 아브라함과 이삭과 야곱에게 세운 언약
14. 보살펴주고 도와주려고 생각하는 것

2회 문제 답안 출애굽기(3-4장)

1. 르우엘, 이드로
2. 겐 족속
3. 서편
4. 이리로 가까이하지 말라, 너의 선 곳은 거룩한 땅이니 네 발에서 신을 벗으라.
5. ① 가나안 땅

② 가나안 족속, 헷 족속, 아모리 족속, 브리스 족속, 히위 족속, 여부스 족속

6. 스스로 있는 자

7. 은 패물과 금 패물과 의복(애굽 사람의 물품)

8. ① 손에 있는 지팡이를 땅에 던지니 뱀이 됨.

   ② 손을 품에 넣으면 문둥병 손이 되고, 다시 손을 품에 넣었다가 내어 보면 고쳐짐.

   ③ 하수를 조금 취하여 육지에 부으면 그 취한 하수가 육지에서 피가 됨.

9. 아론(모세의 형)

10. 평안히 가라

11. 아내 십보라와 아들들

12. 네 아들, 네 장자를 죽이리라.

13. 이스라엘 백성은 아들을 낳으면 할례를 행하는데 모세가 아들에게 할례를 행하지 않았기 때문에.

14. 아론

15. 백성이 믿으며 여호와께서 이스라엘 자손을 돌아보시고 그 고난을 감찰하셨다 함을 듣고 머리 숙여 경배하였음.

3회 문제 답안 출애굽기(5-6장)

1. 여호와가 누구관대 내가 그 말을 듣고 이스라엘을 보내겠느냐 나는 여호와를 알지 못하니 이스라엘도 보내지 아니하리라.

2. ① (5:7) 너희는 백성에게 벽돌 소용의 짚을 전과 같이 주지 말고 그들로 가서 스스로 줍게 하라.

   ② (5:8) 그들의 전에 만든 수효대로 벽돌을 만들게 하고 감하지 말라 그들이 게으르므로 소리 질러 이르기를 우리가 가서 여호와께 희생을 드리자 하니.

   ③ (5:9) 그 사람들의 고역을 무겁게 함으로 수고롭게 하여 그들로 거짓말을 듣지 않게 하라.

3. ① (5:17) 너희가 게으르다 게으르다 그러므로 너희가 이르기를 우리가 가서 여호와께 희생을 드리자 하는도다.

   ② (5:18) 이제 가서 일하라 짚은 너희에게 주지 않을지라도 너희가 벽돌은 여수히 바칠지니라.

4. 너희가 우리로 바로의 눈과 그 신하의 눈에 미운 물건이 되게 하고 그들의 손에 칼을 주어 우

리를 죽이게 하는도다. 여호와는 너희를 감찰하시고 판단하시기를 원하노라.

5. 강한 손을 더하여 바로가 그들을 그 땅에서 쫓아내리라. 내가 아브라함과 이삭과 야곱에게 가나안 땅을 주기로 언약한 나의 이름이 여호와인 것을 그들에게는 알리지 아니하였다. 그들에게 알려라. 너희에게 그 땅을 기업으로 주겠다. 나는 여호와로라.
6. 그들이 마음의 상함과 역사의 혹독함을 인하여 모세를 듣지 아니함.
7. 이스라엘 자손도 나를 듣지 아니하였거든 바로가 어찌 들으리이까 나는 입이 둔한 자니이다.
8. 세 번째
9. ① 게르손 ② 고핫 ③ 므라리
10. 고핫
11. 고핫의 누이 즉 고모와 결혼함.
12. 애굽 왕 공주의 아들이 되었으므로.
13. 이스라엘의 각 12지파대로
14. 나는 입이 둔한 자니 바로가 어찌 나를 들으니이까.

4회 문제 답안 출애굽기(7-8장)

1. 이스라엘 자손을 그 땅에서 인도하여 낼 때에야 애굽 사람이 이스라엘을 인도한 자가 여호와인 줄 알게 하려고.
2. ① 80살 ② 83살
3. 아론이 지팡이를 던지니 뱀이 됨.
4. 박사와 박수들의 지팡이를 삼킴.
5. 하수를 치니 피로 변하고 고기가 죽고 그 물에서 악취가 나고 애굽 온 땅에 피가 있게 되었다.
6. 바로는 궁으로 들어가 그 일에 관념하지 않음.
7. 바로의 궁과 침실과 침상, 화덕과 떡 반죽 그릇
8. 지키지 않았다.
9. 이는 하나님의 권능이니이다.
10. 고센 땅
11. 사흘 길쯤 떨어진 광야

5회 문제 답안 출애굽기(9-10장)

1. 생축, 곧 말과 나귀와 약대와 우양에게 심한 악질이 있게 됨.
2. 독종
3. 여호와의 능력을 바로에게 보이고 온 천하에 전파되게 하려 하셨다.
4. 여호와 말씀을 두려워하여 그 종들과 생축을 집으로 피하여 들이면
5. 이스라엘 백성이 사는 고센 땅
6. 밀과 나맥
7. 비와 우박과 뇌성이 그치자 다시 마음이 강퍅하여 이스라엘 자손을 보내지 않았다.
8. 네 아들과 네 자손(이스라엘)의 귀에 전하여 나를 여호와인 줄 알게 하라.
9. 어느 때까지 이 사람이 우리의 함정이 되리이까 그 사람들을 보내어 그 하나님 여호와를 섬기게 하소서 왕은 아직도 애굽이 망한 줄을 알지 못하시나이까.
10. 남자들만
11. 동풍
12. 서풍
13. 삼 일
14. 아홉 번째
15. 우리가 그중에서 어떤 것을 취하여 여호와를 섬길 것인지 알지 못하므로.
16. 죽으리라

6회 문제 답안 출애굽기(11-12장)

1. 이웃들에게 은, 금 패물을 구하게 하심.
2. 애굽 가운데 처음 난 것은 위에 앉은 바로의 장자로부터 맷돌 뒤에 있는 여종의 장자까지와 모든 생축의 처음 난 것이 죽으리라.
3. 이스라엘 , 역사
4. 애굽에서

5. 그 양을 잡고 그 피로 양을 먹을 집 좌우 문설주와 인방에 바르라.
6. 불에 구워서, 무교병과 쓴 나물
7. 소화하라
8. 허리에 띠를 띠고 발에 신을 신고 손에 지팡이를 잡고 급히 먹으라.
9. 유월절
10. 좌우 문설주와 인방에 바르는 피(그 피는 일 년 된 어린양, 흠 없고 일 년 된 수컷, 염소도 됨)
11. 누룩을 넣지 않아 발효되지 않는 빵
12. 누룩을 집에서 제하였다.
13. 정월 십사 일 저녁부터 이십일 일 저녁까지
14. 우슬초 묶음으로
15. 여호와께서 애굽 사람의 장자를 치실 때에 인방과 좌우 문설주에 피를 바른 이스라엘 자손의 집을 넘으사 구원하셨다.
16. 너희와 이스라엘 자손은 일어나 내 백성 가운데서 떠나서 너희의 말대로 가서 여호와를 섬기며 너희의 말대로 너희의 양도 소도 몰아가고 나를 위하여 축복하라.
17. 발교되지 못한 반죽 담은 그릇을 옷에 싸서 어깨에 멤.
18. 라암셋
19. 육십만 명
20. 사백삼십 년(430년)
21. ① 숙곳 ② 여호와의 밤
22. 할례를 받아야 함.
23. 꺾지 말 것.
24. 이스라엘 각 12지파대로

7회 문제 답안 출애굽기(13-14장)

1. 여호와 하나님
2. 유교병(누룩을 넣은 떡)
3. ① 값을 지불하고 형벌과 죄에서 구원함.

② ⓐ 어린양 흠 없는 송아지, 인간의 죄를 대신하신 예수 그리스도

ⓑ 애굽의 장자를 모두 죽일 때 인방에 바른 피를 보고 이스라엘 자손을 살렸기 때문에.

4. 부정한 동물로 취급되어 먹지 말라 하였고, 하나님께 희생제로 바칠 수 없었다.

5. ① 팔의 경문

② 미간의 경문 (내용: 여호와의 권능으로 구원, 하나님의 사랑, 유월절)

6. 이 백성이 전쟁을 보면 뉘우쳐 애굽으로 돌아갈까 하여서.

7. 12지파의 순서대로 줄지어 가는 것.

8. 요셉의 해골을 가지고 나오는 것.

9. 광야 끝 에담에 장막을 침.

10. 구름기둥, 불기둥

11. 병거를 갖추고 특별 병거 육백 승과 애굽의 모든 병거와 장관들과 애굽 사람들과 말과 군대가 이스라엘 백성을 뒤쫓았다.

12. 애굽에 매장지가 없어서 우리를 이끌어 내어 이 광야에서 죽게 하느뇨 애굽에서 노예로 사는 것이 광야에서 죽는 것보다 낫다.

13. 두려워 말고 가만히 서서 여호와께서 오늘날 너희를 위하여 행하시는 구원을 보라. 너희가 오늘 본 애굽 사람을 다시는 영원히 보지 못하리라.

14. 이스라엘 백성들로 홍해로 진행하게 하고 너는 지팡이를 손에 들고 그것을 바다 위로 내밀어 갈라지게 하라. 이스라엘 자손들이 바다 가운데를 육지같이 행하리라.

15. 이스라엘 진과 애굽의 진 사이에 어둠의 담이 생겨 애굽 사람 앞에는 구름과 흑암이 있고 이스라엘 앞은 광명하였다.

16. 물이 갈라져 바다가 마른 땅같이 되었고 이스라엘 자손이 바다 가운데를 육지처럼 걸었다.

17. 애굽 사람들과 바로의 말들, 병거들과 마병들이 다 그 뒤를 쫓아 바다 가운데로 들어왔다.

18. 애굽 군대를 어지럽게 하시고 그 병거 바퀴를 벗겨서 달리지 못하게 하시고 극난하게 하셨다.

19. 이스라엘 앞에서 우리가 도망하자 여호와가 그들을 위하여 싸워 애굽 사람들을 치는도다.

20. 네 손을 바다 위로 내밀어 물이 애굽 사람들과 그 병거들과 마병들 위에 다시 흐르게 하라.

21. 갈라진 바닷물이 다시 합해지고 애굽인들이 물을 거스려 도망하나 여호와께서 그들을 바다 가운데 엎으심.

22. 이스라엘 자손은 바다 가운데 육지로 행하였고 물이 좌우에 벽이 되었음.

23. ① 여호와께서 애굽 사람들에게 베푸신 큰일을 보았고,

② 여호와를 경외하였고,

③ 여호와와 그 종 모세를 믿게 되었다.

8회 문제 답안 출애굽기(15-16장)

1. 여호와께 노래하며 찬송하여 가로되 그는 높고 영화로우심이여 말과 그 탄 자를 바다에 던지셨음이로다.
2. ① 나의 힘이요 ② 노래시며 ③ 나의 구원이시로다 ④ 나의 하나님이시니 ⑤ 여호와는 용사시니
3. 주의 오른손이 원수를 부수었다.
4. 납같이 잠겼나이다.
5. 은혜로 인도하시어
6. ① 블레셋 ② 에돔 ③ 모압 ④ 가나안
7. 영원무궁하시도다
8. ① 아론의 누이 선지자 미리암 ② 모든 여인들
9. 수르 광야로 들어가서 삼 일 동안 행함.
10. 마라에서 발견함, 물이 써서 마시지 못함.
11. 원망하였음
12. 한 나무를 지시하시고 물에 던지라고 하심.
13. 물이 달아졌다.
14. 애굽 사람에게 내린 모든 질병을 하나도 내리지 아니하신다고 하셨다.
15. 엘림, 물샘 열둘과 종려 칠십 주
16. ① 2월 15일 ② 1개월
17. ① 고기와 떡을 먹지 못함으로 ② 이 광야로 인도하여 주려 죽게 하는도다.
18. 하늘에서 비같이 내려 주심.
19. 제 육일에는 안식일에 먹을 것까지 갑절로 거두어 예비하라고 하심.
20. 여호와 하나님을 원망함과 같다고 함.
21. 광야를 바라보니 여호와의 영광이 구름 속에 나타나심.
22. ① 고기: 메추라기 ② 떡: 만나

23. 벌레가 생기고 냄새가 났다.

24. 안식일

25. 여호와의 계명과 율법

26. ① 만나 ② 흰색 ③ 꿀 섞은 과자 맛

27. 대대 후손을 위하여 광야에서 먹인 양식을 보이기 위하여 증거판 앞에 두어 간수하게 함.

28. 가나안 지경에 이르기까지 40년 동안

29. ① 약 1–2되 ② 약 1–2말

9회 문제 답안 출애굽기(17–18장)

1. ① 르비딤 ② 마실 물이 없었음

2. ① 모세를 대하여 원망함 ② 우리를 왜 애굽에서 끌고 나왔느냐
   ③ 여호와께서 우리 중에 계신가, 아니신가

3. 호렙산 반석을 치라.

4. ① 맛사 ② 므리바

5. 아말렉

6. 여호수아

7. ① 아론 ② 훌

8. 모세가 손을 올리면 이스라엘이 이기고 손을 내리면 아말렉이 이겼다.

9. ① 돌을 가져다가 모세로 돌 위에 앉게 하였고,
   ② 아론과 훌이 모세의 손을 교대로 붙들어 올렸다.

10. 책에 기록하여 기념하게 하고 여호수아의 귀에 외울 만큼 들려주어라.

11. 여호와 닛시

12. 여호와가 아말렉으로 더불어 대대로 싸우리라.

13. ① 이방에서 객이 되었다.
    ② 내 아버지의 하나님이 나를 도우사 바로의 활에서 구원하셨다.

14. 여호와는 모든 신보다 크시므로 이스라엘에게 교만히 행하는 그들을 이기셨도다.

15. 그들이 일이 있으면 내게로 오기 때문에 내가 그 양편을 판단하여 하나님의 율례와 법도를 알

게 하는 것이라 함.

16. 그대의 하는 것이 선하지 못하도다.

17. 그대와 함께한 이 백성이 필연 기력이 쇠하리니 이 일이 그대에게 너무 중함이라 그대가 혼자 할 수 없다.

18. ① 율례와 법도를 가르쳐서 마땅히 갈 길과 할 일을 보이라.
    ② 재덕이 겸전한 자, 하나님을 두려워하는 자, 진실무망하며 불의를 미워하는 자를 천부장, 백부장, 오십부장, 십부장으로 삼으라.
    ③ 그들로 백성을 재판하게 하고 큰일만 그대가 맡아 재판하라.

19. 어려운 일은 모세에게 맡기고 쉬운 일은 자신들이 하였다.

20. 자기 고향으로 돌아갔다.

10회 문제 답안 출애굽기(19-20장)

1. 시내 산

2. ① 애굽 사람들을 벌하고 독수리 날개로 업어 인도하셨음.
   ② 세계가 다 하나님께 속하였으니 하나님의 말씀을 순종하고 언약을 지키면 하나님의 소유가 됨.
   ③ 제사장 나라가 되며 거룩한 백성이 됨.

3. 여호와의 명하신 대로 우리가 다 행하리이다.

4. 시내 산

5. 돌파하고

6. 시내 산에 연기가 자욱하고 여호와께서 불 가운데 거기 강림하심이라 연기가 옹기점 연기같이 떠오르고 온 산이 크게 진동하였다.

7. 산꼭대기에 강림하셨다

8. 단단히 일러서 경계함, 경고하라.

9. 나 외에는 다른 신들을 네게 있게 말지니라.

10. 나는 질투하는 하나님인즉

11. ① 아비로부터 아들에게로 삼사 대까지

② 천 대까지 은혜를 베푸심

12. 늙거나 정신이 흐려서 언행이 보통이 아닌 상태, 상식 밖의 주책없는 말과 행동.

13. 엿새 동안에 하늘과 땅과 바다와 그 가운데 모든 것을 만들고 제칠 일에 쉬셨다.

14. 세속과 구별된 것, 신성하게 한 것, 영적인 날로 정하신 것.

15. 네게 준 땅에서 네 생명이 길리라.

16. 살인하지 말라, 간음하지 말라, 도적질하지 말라, 네 이웃에 대하여 거짓 증거하지 말라, 네 이웃의 소유를 탐내지 말라.

17. 너희를 시험하고 너희로 경외하여 범죄치 않게 하려 하심이라.

18. 복을 주리라.

19. ① 제물을 전부 태워서 드리는 제사

② 하나님의 은혜를 감사하거나 소원을 드릴 때 흠 없는 양이나 염소의 피를 제단에 뿌리고 기름을 태우며 정성스레 드린 유대인들의 제사 종류의 한 가지 수은제 또는 감사제라고도 한다.

11회 문제 답안 출애굽기(21-22장)

1. 제칠 년

2. ① 그를 재판장에게 데리고 갔다.

② 그를 문이나 문설주로 데리고 가서 송곳으로 귀를 뚫었다.

3. 여호와의 단에서 잡아내려 죽였다.

4. 반드시 죽였다.

5. 꾀어, 꾀어

6. 기간 손해를 배상하고 완치할 때까지 치료비를 부담해야 한다.

7. 형벌을 면제 받았다. 종은 주인의 재산이기 때문이다.

8. 생명은 생명으로, 눈은 눈으로, 이는 이로, 손은 손으로, 발은 발로, 화상은 화상으로, 상함은 상함으로, 때린 것은 때린 것으로 갚아야 했다.

9. 종을 자유롭게 놓아 주어야 함.

10. 경고를 받고 주인이 단속을 하였는데도 소가 사람을 받았을 경우

11. 소는 돌로 쳐 죽이고 소 임자도 죽였다.

12. 짐승의 임자에게 변상하고 죽은 것은 구덩이 판 자의 소유가 되었다.

13. 산 소를 죽은 소의 주인에게 주고 죽은 소는 차지하라.

14. ① 다섯 ② 넷

15. 살인죄가 된다.

16. 자기 밭이나 포도원의 제일 좋은 것으로 배상하라.

17. 불을 낸 자가 배상하라.

18. 그대로 믿고 배상 받지 않는다.

19. 임자가 함께하였으면

20. 살려두지 말고 죽여라.

21. 애굽 땅에서

22. 해롭게 한 자의 아내는 과부가 되고 그의 자녀는 고아가 되게 하리라.

23. 이자를 받지 말고 본전만 받아라.

24. 그가 몸을 가릴 것은 이 옷뿐이며 잘 때도 그것을 덮고 자기 때문이다.

25. 7일 동안 어미와 함께 있게 하고, 8일째 되는 날 바치라 하심.

26. 개에게 던져 주어라.

12회 문제 답안 출애굽기(23-24장)

1. ① 근거가 없는 말 ② 가난한 자라고 해서 무조건 편드는 것.

2. 그 사람에게 끌어다 주어라.

3. 그냥 지나치지 말고 짐 부리는 일을 도와주어야 한다.

4. 뇌물은 밝은 자의 눈을 어둡게 하고, 의로운 자의 말을 굽게 한다.

5. 가난한 자로 먹게 하거나 들짐승이 먹도록 하기 위하여.

6. 일하는 소와 나귀가 쉴 것이며 계집종의 자식과 나그네가 숨을 돌릴 수 있게 하기 위해서.

7. ① 무교절 ② 맥추절 ③ 수장절

8. 1월 15일부터 1월 21일까지

9. 밭에 뿌린 곡식의 첫 열매를 거두는 것을 기념하는 절기

10. 연말에 밭에서 거두어 저장하는 것을 기념하는 절기
11. 하나님 여호와의 전
12. 삼가 그 목소리를 청종하고 그를 노엽게 하지 말라.
13. 내가 네 원수에게 원수가 되고, 네 대적에게 대적이 될 것이다.
14. ① 아모리 ② 헷 ③ 브리스 ④ 가나안 ⑤ 히위 ⑥ 여부스
15. 양식과 물에 복을 내리고, 병을 제할 것이며, 낙태하는 자가 없고, 잉태치 못하는 자가 없고, 장수할 것이다.
16. 그들을 한 번에 다 쫓아내면 그 땅이 황무하여 들짐승이 번성하게 되고 이스라엘 자손들을 해할까 하여.
17. 홍해에서 블레셋 바다까지, 광야에서 하수까지
18. 그들이 이스라엘 백성들로 범죄케 하여 그들의 신을 섬기게 할까 하여서.
19. 장로 70명
20. 기록하였다.
21. 언약서를 가지고 백성에게 낭독하였다.
22. 백성에게 뿌렸다.
23. 여호와께서 너희와 세우신 언약의 피라고 하였다.
24. 청옥을 편 듯하고 하늘같이 청명하였다.
25. ① 율법 ② 계명
26. 여호수아
27. 제칠 일 만에
28. 맹렬한 불같이 보였다.
29. 사십 일 사십 야

13회 문제 답안 출애굽기(25장)

1. 무릇 즐거운 마음으로 내는 자의 것
2. 금, 은, 놋, 청색 자색 홍색실, 가는 베실, 염소털, 붉은 물 들인 수양의 가죽, 해달의 가죽, 조각목, 등유와 관유에 드는 향품, 분향할 향을 만들 향품, 호마노, 에봇, 흉패에 달 보석

3. 여호와께서 보여 주셨다.

4. 장막의 식양과 그 기구의 식양을 따라 지으라.

5. 조각목(아카시아 나무)

6. ① 장:2규빗 반(113cm) ② 광:1규빗 반(68cm) ③고: 1규빗 반:(68cm)

7. 이편과 저편에 각각 두 고리씩

8. 고리에 그대로 두고 빼내지 말라.

9. 궤 속에

10. 속죄소와 한 덩이로 붙여 놓으라.

11. ① 궤 있는 지성소 ② 증거궤 위에 있는 두 그룹 사이에서

12. ① 장:2규빗(90cm) ② 광:1규빗(45cm) ③ 고:1규빗 반(68cm)

    금고리 다는 곳: 상다리의 네 모퉁이 턱

13. 상 멜 채를 꿸 곳이다.

14. 대접, 숟가락, 병, 붓는 잔

15. 진설병

16. 살구꽃 형상

17. ① 잔 셋 ② 꽃받침 ③ 꽃

18. 잔 넷, 꽃받침 넷, 꽃 넷

19. 합쳐서 3개, 두 가지 아래 한 꽃받침이 있게 함.

20. 등잔 일곱 개

21. 정금

22. 정금 한 달란트(34.272kg)

14회 문제 답안 출애굽기(26장)

1. 그룹(천사)

2. 장: 28규빗, 광: 4규빗

3. 휘장 말폭 가에 청색 고 50을 만들고, 다른 휘장 말폭 가에도 고 50을 만들어 연결하였다.

4. 금 갈고리 50개를 만들어 이쪽 다섯 폭과 저쪽 다섯 폭을 고리에 끼워 연결시켰다.

5. ① 열한 폭 ② 30규빗 ③ 4규빗

6. 한쪽은 다섯 폭, 또 다른 한쪽은 여섯 폭

7. 성막 전면에 접어 드리워(늘어뜨려) 놓았다.

8. 놋 갈고리 50개

9. 성막의 이편과 저편 양쪽에 반반씩(45cm) 늘어뜨려 성막을 완전히 덮이게 하였다.

10. ① 붉은 물을 들인 수양의 가죽 ② 해달의 가죽으로 웃덮개를 만들었다.

11. ① 널판지의 장: 10규빗(45m) ② 널판지의 광: 1규빗반(68cm)

12. 널판지 하나에 은받침을 두 개씩 받치기 위해서.

13. ① 여섯 개 ② 두 개

14. 천막 모퉁이는 힘을 받는 곳이므로 천막을 튼튼하게 세우기 위하여.

15. 도합 8개, 은 받침 16개

16. ① 금 ② 은

17. 가늘게 꼰 베실로 짰으며, 색깔은 청색, 자색, 홍색,
그룹들을 공교히 수놓음.

18. 증거궤

19. 속죄소

20. 상은 북편에, 등대는 남편에 놓음.

21. 청색 자색 홍색실과 가늘게 꼰 베실로 수놓아 만든 천

22. 놋

15회 문제 답안 출애굽기(27-28장)

1. 장: 5규빗(2.3m), 광: 5규빗(2.3m), 고: 3규빗(1.4m)

2. ① 뿔 ② 놋

3. 놋

4. 단의 절반 높이

5. 놋

6. ① 기둥 20개 ② 기둥 20개

7. 은

8. ① 20 ② 넷 ③ 청색, 자색, 홍색실 ④ 가늘게 꼰 베실 휘장

9. 놋

10. 감람유

11. 아론과 그 아들들

12. 규례

13. ① 아론 ② 나답 ③ 아비후 ④ 엘르아살 ⑤ 이다말

14. 영화롭고 아름다운 거룩한 옷

15. 여호와께서 지혜로운 영으로 채운 자들

16. 금실과 청색, 자색, 홍색실과 가늘게 꼰 베실

17. 두 개

18. ① 금실 ② 청색 ③ 자색 ④ 홍색

19. '연치(年齒)대로'란 나이대로 하라는 의미이다.

20. 에봇의 두 견대

21. 네 줄

22. 여호와 앞에 영원한 기념을 삼기 위하여.

23. 판결 흉패 안에

24. 죽을 것이다.

25. 여호와께 성결

26. 여호와께서 받지 않으신다.

27. 제사장 직분

28. ① 베로 고의를 만들어 ② 허리에서부터 넓적다리까지

16회 문제 답안 출애굽기(29-30장)

1. ① 아론 ② 나답 ③ 아비후 ④ 엘르아살 ⑤ 이다말

2. ① 회막문 앞에 있는 물두멍 ② 여호와께 성결

3. 그 송아지 머리에 안수하였다.

4. 속죄제
5. 화제
6. ① 오른 귓부리 ② 오른손 엄지 ③ 오른발 엄지
7. 거룩해짐
8. 제사장의 몫
9. 아론과 그 자손
10. 칠 일 동안
11. 회막문 입구에서
12. 아침까지 남았을 경우 불태워 없앤다.
13. 칠 일 동안
14. 아침과 저녁으로 한 마리씩
15. ① 고운 밀가루 에바 십분의 일 ② 찧은 기름 힌의 사분의 일
③ 포도주 힌의 사분의 일
16. 여호와께서 그들의 하나님이 되시고 그들 중에 거하시기 위하여.
17. 증거궤 위 속죄소 맞은편 곧 증거궤 앞에 있는 장 밖에
18. 아침마다 등불을 정리할 때와 저녁 때 등불을 켤 때
19. ① 이십 세 이상 된 자 ② 반 세겔(은 약 6g)
20. 회막의 봉사(성막 비용)
21. ① 회막과 단 사이 ② 죽었다
22. 제일 좋은 액체 몰약 500세겔, 향기로운 육계 250세겔, 향기로운 창포 250세겔, 계피 500세겔, 감람유 1힌
23. 죽을 것이다.
24. 회막 안 증거궤 앞에 두라.
25. 죽으리라

17회 문제 답안 출애굽기(31-32장)

1. 유다 지파 훌의 손자요 우리의 아들인 브살렐

2. 단 지파 아히사막의 아들 오홀리압

3. 성일(거룩한 날)

4. 죽이라

5. 영원한 표징

6. 증거판 두 개

7. 하나님이 손가락으로 친히 쓰신 것.

8. 우리를 인도할 신을 우리를 위하여 만들라.

9. ① 송아지 형상을 만들었다. ② 이는 애굽 땅에서 인도하여 낸 너희 신이로다.

10. 내일은 여호와의 절일이니라.

11. 번제와 화목제를 드리고 앉아서 먹고 마시며 일어나서 뛰놀았다.

12. ① 그들이 내가 그들에게 명한 길을 속히 떠나 송아지를 만들고 숭배하며 희생을 드리고 애굽에서 인도한 신이라고 하였다.
② 그들은 목이 곧은 백성이로다.

13. 큰 권능과 강한 손으로 애굽 땅에서 인도하여 내신 주의 백성에게 진노하시나이까.
애굽 사람들이 어떻게 생각하겠나이까. 주의 종 아브라함과 이삭과 이스라엘에게 맹세하신 약속을 기억하시옵소서.

14. 그 판의 양면 이편 저편에

15. 이는 승전가도 아니요, 패하여 부르짖는 소리도 아니라.
나의 듣기에는 노래하는 소리로다.

16. 손에 들고 있던 두 돌판을 산 아래로 던져 깨뜨렸다.

17. 마시게 하였다.

18. 내 주여!

19. 레위 자손

20. 약 삼천 명

21. 누구든지 내게 범죄하면 그는 내가 내 책에서 지워 버리리라.
이제 내가 네게 말한 곳으로 인도하라 내 사자가 네 앞서 가리라.
그러나 내가 보응할 날에는 그들의 죄를 보응하리라.

22. 내가 보응할 날에는 그들의 죄를 보응하리라 하셨고 또 백성들을 치셨으므로 이스라엘 백성의 죄는 용서받지 못하였다.

18회 문제 답안 출애굽기(33-34장)

1. 가나안
2. 가나안 사람, 아모리 사람, 헷 사람, 브리스 사람, 히위 사람, 여부스 사람
3. 너희는 목이 곧은 백성인즉 내가 중로에서 너희를 진멸할까 염려함이라.
4. 슬퍼하며 한 사람도 그 몸을 단장하지 않았다.
5. 호렙 산에서부터 단장품을 제하였다.
6. ① 귀걸이, 목걸이, 코걸이, 팔찌 발목거리 등
   ② 기복신앙, 기복설교, 기복기도
7. 자기 장막 문에 서서 모세가 회막에 들어가기까지 바라보았다.
8. 구름 기둥이 내려 회막문에 서며 여호와께서 모세와 말씀하셨다.
9. 사람이 친구와 이야기함같이 대면하여 말씀하셨다.
10. 회막에서 떠나지 아니하였다.
11. 내가 친히 가리라 내가 너로 편케 하리라.
12. 내가 나의 모든 선한 형상을 네 앞으로 지나게 하고 여호와의 이름을 네 앞에 반포하리라. 나는 은혜 줄 자에게 은혜를 주고 긍휼히 여길 자에게 긍휼을 베푸느니라.
13. 나를 보고 살 자가 없기 때문이다.
14. 여호와의 등을 보았다.
15. ① 그리스도 ② 교회 ③ 복음(시온)
16. 하나님께서 친히 만드심.
17. 자비롭고 은혜롭고 노하기를 더디 하시며 인자와 진실이 많은 하나님이로라, 인자를 천 대까지 베풀며 악과 과실과 죄를 용서하나 형벌 받을 자는 결단코 면죄하지 않고 아비의 악을 삼사 대까지 보응하리라.
18. 그들이 너희 중에 올무가 될까 하노라.
19. 여호와는 질투라 이름하는 질투의 하나님이라.
20. ① 그들이 모든 신을 음란히 섬기며 그들의 희생 제물을 먹을까 하여
    ② 그들의 딸들로 네 아들들의 아내를 삼음으로 그들의 딸들이 음란히 섬기는 신을 네 아들들이 섬길까 하여
21. ① 정월 초하루 ② 4-5월

22. 맥추의 초실절

23. 가을

24. 세 번

25. 너희 하나님 여호와의 전

26. 떡도 먹지 않고 물도 마시지 아니하였다.

27. 얼굴에 광채가 나는 것.

28. 수건으로 자기 얼굴을 가리웠더라.

29. 나오기까지 수건을 벗었다.

19회 문제 답안 출애굽기(35-36장)

1. ① 죽이라 ② 불도 피우지 말라.

2. 성막과 그 덮개, 갈고리, 널판, 띠, 기둥, 그 받침, 증거궤와 그 채, 속죄소와 가리는 휘장, 상과 그 채, 모든 기구와 진설병, 분향단과 그 채와 관유, 분향할 향품, 성막문의 휘장, 불 켜는 등대와 기구, 번제단과 놋 그물과 채와 모든 기구 물두멍과 그 받침, 뜰의 포장과 기둥, 장막 말뚝, 포장 말뚝, 줄, 제사장이 성소에서 입는 옷

3. ① 자원하는 마음 ② 즐거운 마음

4. 유다 지파 훌의 손자며 우리의 아들인 브살렐

5. 단 지파 아히사막의 아들 오홀리압

6. 성소에 드릴 예물을 더 이상 만들지 말라 하여 가져오는 것을 정지시켰다.

7. ① 28규빗(12m 60cm) ② 4규빗(1m 80cm)

8. 50개

9. ① 길이: 30규빗(13m 50cm) ② 넓이: 4규빗(1m 80cm)
   ③ 염소털 휘장의 폭: 11폭

10. 96개

11. ① 동쪽 ② 5개

20회 문제 답안 출애굽기(37-38장)

1. ① 장: 2규빗 반 ② 광: 1규빗 반 ③ 고:1규빗 반
2. ① 장: 2규빗 반 ② 광: 1규빗 반
3. 대접, 숟가락, 잔, 붓는 병(주전자)
4. 4개
5. 정금 한 달란트(34,300kg)
6. ① 분향할 단 ② 법궤 맞은편 휘장 밖 성소
7. ① 통 ② 부삽 ③ 대야 ④ 고기 갈고리 ⑤ 불 옮기는 그릇
8. 네 개
9. 청색 자색 홍색실과 가늘게 꼰 베실
10. ① 5규빗 (2m 25cm) ② 세마포
11. 이다말

21회 문제 답안 출애굽기(39-40장)

1. ① 금실 ② 청색실 ③ 자색실 ④ 홍색실 ⑤ 가늘게 꼰 베실
2. 장이 한 뼘, 광이 한 뼘으로 네모 반듯하고 두 겹임.
3. 청색실
4. 그 옷 가장자리로 돌아가며 석류 사이사이에 금방울을 달았다.
5. 관 전면
6. 그들에게 축복하였다.
7. 제2년 정월 초하루(출애굽한 때로부터 만 1년)
8. ① 받침들을 놓고 ② 널판을 세우고 ③ 띠를 띠우고 ④ 기둥들을 세우고
   ⑤ 성막 위에 막을 펴고 ⑥ 그 위에 덮개를 덮었다.
9. 휘장을 쳐서 증거궤를 가리었다. 즉 지성소를 만들어 성소와 나누었다.
10. 성막 북편

11. 성막 남편

12. 회막 안 장 앞에 두었다

13. 회막의 성막문 앞에

14. 회막과 번제단 사이에 놓았다

15. 구름이 회막 위에 덮이고 여호와의 영광이 회막에 충만하였다.

16. 이는 구름이 회막에 덮이고 여호와의 영광이 성막에 충만하므로

17. ① 이스라엘 자손이 그 모든 행하는 길에 앞으로 발행하였다.
② 구름이 떠오르는 날까지 발행하지 아니하였다.

판 권
소 유

문답으로 기억되는 성경

2013년 11월 25일 인쇄
2013년 11월 30일 발행

지은이 | 김백문
발행인 | 이형규
발행처 | 쿰란출판사

주소 | 서울특별시 종로구 이화동 184-3
TEL | 02-745-1007, 745-1301~2, 747-1212, 743-1300
영업부 | 02-747-1004, FAX / 02-745-8490
본사평생전화번호 | 0502-756-1004
홈페이지 | http://www.qumran.co.kr
E-mail | qrbooks@gmail.com
qrbooks@daum.net
한글인터넷주소 | 쿰란, 쿰란출판사

등록 | 제1-670호(1988.2.27)

책임교열 | 최진희 · 박신영

값 8,000원

ISBN 978-89-6562-527-8 93230